부부 약사 선교사가
자녀에게 들려주는
제자사역 이야기

이 소중한 책을

특별히 ＿＿＿＿＿＿＿＿＿＿＿님께

드립니다.

부부 약사 선교사가

자녀에게 들려주는
제자사역 이야기

유요한 선교사 지음

나침반

제2부

부부 약사 선교사의 제자 이야기

주님의 제자 삼는 자로 살아가길…

저희 부부는 제자사역을 성경과 믿음의 선배님들을 통해서 보고 배웠습니다. 그리고 배운 대로 선교 현장에서 제자사역을 하였습니다.

사역의 현장에는 사랑하는 세 자녀가 늘 아빠, 엄마와 함께 있었습니다. 자녀들은 오랫동안 아빠와 엄마가 하는 제자사역을 보았기에 어렴풋이나마 느껴 알고 있습니다. 유강, 유경, 유은이에게 아빠와 엄마의 사역을 알려주고 싶어서 간단히 글로 적어보았습니다.

세 아이가 예수님의 제자로 성장해서 능히 제자 삼는 자로 살아가기를 기대합니다. 그래서 하나님의 영광을 구하며 하나님의 기쁨이 되는 자녀들로 살아가기를 원합니다.

- 유요한

제1부

제자사역의 영성

　예수님의 사역에는 크게 세 종류의 사역이 있습니다. 설교사역, 치유사역 그리고 제자사역입니다.

　예수님께서는 몰려오는 무리를 설교로 섬기셨습니다.[1] 그리고 많은 귀신을 쫓아내시며 모든 병과 약한 것을 치료해 주셨습니다.[2]

　또한, 하나님 나라의 확장을 위해서 차세대 영적 지도자를 세우는 제자사역을 하셨습니다.[3]

---

1) 마태복음 5-7장
2) 마태복음 4:23-24
3) 요한복음 13-17장

복음서를 살펴보면 예수님께서는 제자들을 차세대 영적 지도자로 세우는 일에 대부분의 시간을 할애하셨다는 것을 볼 수 있습니다. 하나님 나라의 확장은 가서 제자 삼을 수 있는 제자들에게 달려 있기 때문이었습니다.

　　사역자는 보통 설교사역에 많은 관심을 가집니다. 그리고 치유의 은사를 받은 사역자는 치유사역에 더 집중합니다.

　　설교사역과 치유사역은 사람들의 관심과 그들로부터 오는 영광을 구할 수 있는 사역입니다.

　　그러나 제자사역은 빛도 없고 이름도 없이 하늘만 바라보며 걸어가야 하는 사역입니다. 사람들로부터 오는 영광을 기대할 수 없는 사역입니다. 오직 하나님께로부터 오는 영광만 바라보며 자기에게 주어진 십자가를 지고 좁은 길을 걸어가야 하는 사역입니다. 그래서 제자사역을 하고자 하는 사람이 많지 않은 것 같습니다. 그러나 이 좁은 길 끝에서 우리의 예수님께서 우리를 반갑게 맞아주실 것입니다.

　이제 빛도 없고 이름도 없이 오직 주님만 바라보
며 걸어가야 하는 제자사역에 대해서 살펴보기를
원합니다.

대저
하나님께로서
난 자마다-
세상을
이기느니라-
요일5:4

1. 왜 하나님께서 세상을 창조하셨을까요?

태초에 하나님께서 계셨습니다.

아들과 함께 계셨습니다.

하나님께서는 아들을 통해서 하늘의 세계를 창조하셨습니다.[4]

보시기에 좋으셨습니다. 피조물 중에 사탄이 있었습니다. 하나님께서는 그를 귀한 존재로 창조하셨습니다. 그런데 교만해진 사탄은 천사들을 선동해서 하나님을 반역했습니다. 하나님께서는 사탄의 반역을 처리하셔야 했습니다. 그리고 천사들에게 하나님의 어떠하심을 알려줄 필요가 있으셨습니다. 하나님의 사랑, 공의, 그리고 능력을 보여 알게 해주고 싶으셨습니다.[5]

하나님께서는 뜻하신 바가 있으셔서 아들에게 땅

---

4) 골로새서 1:15-17
5) 에베소서 3:10

의 세계도 창조하게 하셨습니다.[6]

아들이신 예수님께서는 아버지께서 일러주신 대로 땅의 세계를 창조하셨습니다. 아들께서는 자기 생각대로 창조하신 것이 아니라, 아버지의 말씀을 따라서 그대로 창조하셨습니다. 하나님께서는 하나님의 뜻대로 창조된 세계를 보시고 기뻐하셨습니다.[7]

하나님의 두 번째 창조 작품의 꽃은 사람이었습니다. 하나님께서는 무척이나 사람을 사랑하셨습니다. 그런데 아담과 하와는 사탄의 선동에 넘어가 하나님을 반역했습니다.[8] 하늘에서 천사들을 선동해서 하나님을 반역했던 사탄이 이번에는 사람을 선동했던 것입니다.

사람이 하나님을 반역한 대가는 죽음이었습니다.

6) 요한복음 1:1-3 / 히브리서 1:2
7) 창세기 1장
8) 창세기 3장

죄로 말미암아 모든 사람이 사망에 이르게 되었습니다.[9) 한 사람으로 말미암아 인류의 비극이 시작된 것이었습니다. 그러나 하나님께서는 당신을 사랑하는 사람들을 다시 살려내고 싶으셨습니다. 다시 살려내셔서 새 에덴에서 영원토록 살게 해주고 싶으셨습니다.[10)

그러나 하나님께서는 공의의 하나님이십니다.

하나님께서는 하늘의 법대로 일을 처리하시는 공의의 하나님이십니다.

하늘의 법은 죄의 삯은 죽음이었습니다.[11)

그러면 법대로 하셔야 하는 하나님께서 어떻게 사람들을 다시 살려내실 수 있을까요?

또 반역한 사탄을 어떻게 처리하실까요?

하늘의 천사들도 이 비밀을 살펴보기를 원했습니다.

---

9) 로마서 5:12
10) 요한복음 6:40
11) 로마서 6:23

2. 예수님은 누구십니까?

예수님께서는 누구실까요?

중요한 질문입니다.

기독교의 기초가 되는 질문입니다.

누군가는 이렇게 대답할 수 있습니다.

"예수님께서는 십자가에서 죽으시고

부활하신 분이시다."

이것은 예수님께서 하신 일에 관한 것입니다.

십자가에서 죽으시고 부활하신 예수님, 그분이 누구시냐는 것입니다.

성경에서는 어떻게 증거하고 있는지 살펴봅니다.

A. 성경시대의 신앙고백

1. 베드로의 증거

먼저 마태복음 16장 15-16절을 살펴봅니다.

15절에서 예수님께서 제자들에게 "너희는 나를 누구라 하느냐?"라고 물으십니다.

16절에서 베드로가 대답합니다.

"주는 그리스도시요

살아계신 하나님의 아들이시니이다."

베드로는 두 가지를 고백했습니다.

"예수님께서는 그리스도이십니다.

그리고 예수님께서는 하나님의 아들이십니다."

「그리스도」라는 단어는 이해하기 쉽지 않은 단어입니다. 「그리스도」라는 말은 '기름 부음을 받은 자'라는 뜻입니다. 왕, 제사장, 선지자가 기름 부음을 받습니다. 예수님께서는 왕으로서, 제사장으로서 그리고 선지자로서 기름 부음을 받은 분이십니다. 이 세 가지 직분이 모두 우리의 구원과 관련 있기 때문에 그리스도라 하면 쉽게 구원자, 구세주라고 이해하면 무난할 것 같습니다.

하나님께서는 오래전부터 우리를 구원하시기 위해서 구원자를 보내시겠다고 말씀하셨습니다.

때가 되어 구원자를 보내셨는데 바로 당신의 하나밖에 없는 아들을 구세주로 보내신 것입니다.

2. 요한의 증거

요한복음 20장 31절에 보면 요한이 요한복음을 기록한 목적을 말하고 있습니다.

"오직 이것을 기록함은 너희로 예수께서

하나님의 아들 그리스도이심을 믿게 하려 함이요

또 너희로 믿고 그 이름을 힘입어

생명을 얻게 하려 함이니라."

요한이 요한복음을 기록한 목적은 예수님이 누구이신지를 우리에게 알려주고 싶었기 때문입니다. 예수님이 하나님의 아들 구세주이심을 알려주고 싶었기 때문입니다.

요한도 베드로와 동일하게 예수님에 대해서 두 가지를 고백하고 있습니다. 예수님께서는 하나님의 아들이시며 그리스도이심을 증거하고 있습니다.

3. 마르다의 증거

요한복음 11장에 보면 나사로가 병들었습니다.

마르다는 예수님을 모시러 사람을 보냅니다.

예수님께서 오신다는 소식을 듣고 마르다가 영접하러 갑니다. 도중에 예수님을 만나서 이야기를 나눌 때 예수님께서 26절에서 마르다에게 이렇게 물으셨습니다.

"네가 믿느냐?"

27절에서 마르다가 고백합니다.

"가로되 주여 그러하외다 주는 그리스도시요
세상에 오시는 하나님의 아들이신줄 내가 믿나이다."

마르다도 베드로처럼, 요한처럼 예수님께서 하나님의 아들이심과 구세주이심을 고백하고 있는 것을 볼 수 있습니다.

4. 귀신의 증거

복음서를 읽다 보면 예수님께서 많은 귀신을 쫓아내신 것을 볼 수 있습니다.

귀신들이 예수님을 만날 때면 소리 지르며 "당신은 하나님의 아들이시다"라고 말합니다.

마가복음 3장 11절의 "더러운 귀신들도 어느 때든지 예수를 보면 그 앞에 엎드려 부르짖어 가로되 당신은 하나님의 아들이니다 하니"를 보면 귀신들도 예수님께서 누구신가를 알고 있었습니다. 어찌 보면 귀신들이 예수님께서 누구신지에 대해서 우리보다 더 선명하게 알고 있는 것 같습니다.

5. 바울의 증거

사도행전 9장에 보면 바울이 다메섹으로 가는 도

중에 예수님께서 바울을 친히 만나주셨습니다.

바울은 예수님을 만난 뒤에 회심했고, 즉시로 각 회당에서 예수님께서 하나님의 아들이심을 증거하였습니다. 사도행전 9장 20절은 다음과 같이 기록하고 있습니다.

"즉시로 각 회당에서 예수의 하나님의 아들이심을 전파하니."

6. 예수님 자신의 증거

예수님께서는 당신 자신에 대해서 어떻게 증거하고 있을까요?

복음서 마지막 부분에 보면 예수님께서 십자가에 못 박히기 위해서 붙잡히십니다. 그리고 종교 지도자들 앞에서 심문을 받으셨습니다.

그들이 다음과 같이 묻습니다.

"…살아계신 하나님께 맹세하게 하노니 네가 하나님의 아들 그리스도인지 우리에게 말하라 예수께서 가

라사대 네가 말하였느니라…"(마 26:63-64)

이에 종교 지도자들이 크게 분노합니다.

"뭐라고? 여호와 하나님께 아들이 있다고?"

예수님께서는 "그렇다… 하나님께 아들이 한 명이 있으시다. 바로 나다"라고 답하셨습니다.

예수님께서 하나님의 아들이라고 고백했기 때문에 십자가에서 못 박혀 죽으셨습니다. 많은 믿음의 선배님들이 예수님께서 하나님의 아들이심을 믿고 증거하다가 죽임을 당했습니다.

지금 이슬람 지역에서 왜 순교를 당하고 있습니까? 예수님께서 하나님의 아들이심을 믿고 고백하기 때문에 죽임을 당하고 있는 것입니다.

7. 하나님의 증거

하나님께서는 당신의 아들 예수님을 누구라고 증거하고 있을까요?

하나님께서 친히 음성으로 두 번 예수님께서 누구시라고 증거해 주셨습니다. 한 번은 예수님께서 요단강에서 세례(침례)를 받으실 때, 하늘이 열리고 성령님께서 비둘기 형상처럼 임하셨습니다. 그리고 하늘에서 소리가 있었습니다.

"이는 내 사랑하는 아들이요 내 기뻐하는 자라." 12)

또 한 번은 어떤 높은 산에서 예수님께서 하늘에서의 영광스러운 형상으로 변화되셨을 때입니다. 구름이 와서 덮으며 그 구름 속에서 소리가 있었습니다.

"이는 내 사랑하는 아들이요 내 기뻐하는 자니 너희는 저의 말을 들으라." 13)

성경은 거듭거듭 반복해서 예수님께서 하나님의 아들이심과 구세주이심을 증거하고 있습니다. 우리에게 구름같이 둘러싼 허다한 증인들이 있습니다. 믿음의 주요 또 온전케 하시는 분이신 예수님을 바

12) 마태복음 3:16-17
13) 마태복음 17:5

라보아야 합니다. 그분은 하나님의 아들이시며 우리의 구세주이십니다.

요한일서 4장 14-15절은 다음과 같이 말씀하십니다.

> "아버지가 아들을 세상의 구주로 보내신 것을 우리가 보았고 또 증거하노니 누구든지 예수를 하나님의 아들이라 시인하면 하나님이 저 안에 거하시고 저도 하나님 안에 거하느니라."

하나님 아버지께서 아들을 세상에 구주로 보내셨다는 기쁜 소식이 복음입니다.

B. 초기 기독교 시대의 신앙고백

초기 그리스도인들의 신앙고백은 "예수 그리스도 하나님의 아들 구세주"였습니다.

"예수 그리스도 하나님의 아들 구세주"의 각 단어의 앞 글자를 모아보면 '물고기'라는 뜻의 헬라어 단어인 '익두스(ΙΧΘΥΣ)'가 됩니다. 그래서 초기 그리스도인들은 "예수 그리스도 하나님의 아들 구세주"라는 의미를 나타내는 '익두스' 즉 '물고기' 모양을 자신이 그리스도인임을 나타내는 데 사용했습니다.

예를 들면, 집회가 열리는 장소를 출입할 때 물고기 그림을 그려서 자신이 그리스도인임을 확인하고 집회 장소에 들어갈 수 있었습니다. 당시에는 "예수 그리스도 하나님의 아들 구세주"라는 뜻의 익두스 즉 물고기 모양을 그리거나 소유하는 것은 목숨을 거는 신앙고백이었던 것입니다. 초기 기독교 시대의 신앙고백도 성경시대의 신앙고백과 다르지 않았습니다.

"예수 그리스도 하나님의 아들 우리 구세주."

3. 예수님의 십자가

A. 십자가 바로보기

하나님께서는 세상을 아름답게 창조하셨습니다.

에덴동산을 창조하시고 그곳에 사람으로 거하게 하셨습니다. 하나님께서는 온 세상에 하나님의 영광을 아는 사람들로 가득하게 되기를 원하셨습니다.[14] 그런데 한 사람 아담의 범죄함으로 온 세상은 죄인으로 가득하게 되어버렸습니다. 모든 사람이 죄인이 되었고, 죄로 말미암아 모든 사람은 죽게 되었습니다.[15] 한 사람의 범죄함으로 에덴은 잃어버린 바 되었습니다.

그러나 하나님께서는 새 에덴, 즉 새 하늘과 새 땅을 준비하셨습니다.[16]

---

14) 창세기 1장
15) 로마서 5:12
16) 이사야 65:17 / 요한계시록 21:1-7

당신을 사랑하는 백성들을 다시 살려내서 그곳에서 영원히 살도록 해주고 싶으셨습니다.[17] 이를 위해서는 한 사람이 죽어야 했습니다. 죄 없는 한 사람이 대신 죽어야 했습니다.[18] 그러나 그 한 사람은 없었습니다. 모든 사람이 죄를 범했기 때문에 죄 없는 한 사람은 없었던 것입니다.[19] 그래서 하나님께서는 당신의 아들을 세상에 사람으로 보내셨습니다.[20]

이 땅에 사람으로 오신 예수님의 사명은 죽으시는 것이었습니다. 우리를 대신해서 죽으시는 것이었습니다. 우리를 대신해서 죽으시되 죄 없이 죽으셔야 했습니다. 흠도 없고 점도 없는 어린양처럼 예수님께서는 아무 죄 없이 죽으셔야 했습니다.[21] 그래야 우리가 다시 살아 새 에덴에서 영원토록 살 수

---

17) 요한복음 6:39–40
18) 고린도전서 15:21
19) 로마서 3:23
20) 요한복음 3:16
21) 요한복음 1:29 / 요한계시록 5:12

있는 것이었습니다.

 예수님께서 사람으로 오셔서 우리 죄를 대신해서 십자가에서 죄 없이 죽으셨습니다. 그리고 부활하셨습니다.[22] 예수님의 죽으심과 부활하심으로 인하여 우리는 죄 사함을 받고 다시 살아나게 됩니다. 때가 되면 하나님께서는 예수님을 다시 이 땅에 보내실 것입니다. 예수님께서 다시 오셔서 예수님을 믿는 하나님의 자녀를 하나도 빠뜨리지 않고 모두 다시 살려내실 것입니다.[23] 다시 살려내셔서 하나님께서 예비하신 새 하늘과 새 땅, 저 천국에서 영생을 맛보며 영원히 살게 해주실 것입니다.[24] 이것이 우리에게 있는 부활의 소망입니다.

---

22) 고린도전서 15:3-4
23) 요한복음 6:38-40
24) 요한계시록 21:1-7

B. 다른 각도에서 십자가 바라보기

예수님의 십자가를 조금 다른 각도에서 살펴보겠습니다.

한 가지 질문을 해봅니다.

사탄은 왜 예수님을 십자가에 매달려고 했을까요?

생소한 질문입니다.

사탄은 예수님을 십자가에 못 박기 위해서 가룟 유다에게 들어가서 예수님을 배반하려는 마음을 넣었습니다.[25] 사탄은 종교 지도자들의 마음에 예수님을 향한 질투와 시기심을 불어넣었습니다.[26] 사탄은 무리를 충동질해서 예수님을 십자가에 못 박으라고 빌라도를 압박했습니다.[27]

왜 사탄은 예수님을 십자가에 못 박으려 했을

---

25) 요한복음 13:27
26) 마가복음 15:10
27) 누가복음 23:18-25

까요?

하나님의 구원의 사역을 도와주기 위해서였을까요?

그럴 리는 없었을 텐데, 왜 그랬을까요?

이 질문에 대한 답을 찾아가다 보면 십자가를 좀 더 입체적이고 생동감 있게 이해할 수 있을 것입니다. 답을 찾기 위해서 먼저 욥기를 살펴본 다음에 복음서로 넘어가면서 살펴보겠습니다.

1. 욥이 당한 두 번의 시험

욥은 의로운 사람이었습니다.

욥기의 표현에 의하면, 욥은 순전하고 하나님을 경외하며 악에서 떠난 사람이었습니다. 하나님께서는 이러한 욥을 기뻐하셨고 사랑하셨습니다.

욥은 하나님의 자랑이었습니다.

사탄은 하나님의 허락하에 욥을 두 번 시험했습

니다. 하나님께서 허락하시면서 사탄에게 조건을 거셨습니다. 특히 두 번째로 허락하시면서 내거신 조건을 눈여겨볼 필요가 있습니다.

"여호와께서 사단에게 이르시되 내가 그를 네 손에 붙이노라 오직 그의 생명은 해하지 말찌니라."[28]

사탄은 욥의 모든 소유물과 자녀들의 생명까지 빼앗아 갔습니다. 이때 욥은 하나님을 원망하지 않고 오히려 하나님의 주권을 인정하며 하나님을 찬양했습니다.

"주신 자도 여호와시요 취하신 자도 여호와시오니 여호와의 이름이 찬송을 받으실찌니이다."[29]

욥의 멋진 승리였습니다.

하나님께서 크게 기뻐하셨습니다.

사탄은 두 번째로 악성 피부병으로 욥의 몸을 쳤습니다. 이때 극심한 질병의 고통 속에서 욥은 넘어

---

28) 욥기 2:6
29) 욥기 1:21

지고 말았습니다.[30] 친구들과 다투었고, 더 나아가 하나님을 향해 원망하고 말았습니다.

"나는 아무 잘못이 없습니다. 잘못은 하나님께서 하시는 것입니다. 나는 의롭습니다. 하나님께서 불의하신 것입니다."

이처럼 욥이 스스로 의롭다고 여기고 하나님을 불의하다 하므로, 엘리후가 욥에게 크게 노를 발했습니다.[31] 그리고 이어서 하나님께서도 욥을 향해서 대노하셨습니다.[32] 하나님께서 욥을 꾸짖으셨습니다.

"무지한 말로 이치를 어둡게 하는 자가 누구냐 너는 대장부처럼 허리를 묶고 내가 네게 묻는 것을 대답할찌니라."[33]

하나님께서는 욥기 39-41장에서 이렇게 욥에게 물으셨습니다.

---

30) 욥기 2–31장
31) 욥기 32–37장
32) 욥기 39–41장
33) 욥기 38:2–3

"네가 이것을 아느냐? 또 저것을 아느냐?"

이에 욥이 대답합니다.

"아뇨. 이것도 모릅니다. 저것도 모릅니다."

하나님께서 엄하게 꾸짖으십니다.

"네가 이것도 모르고 저것도 모르면서 내게 대하여 네가 무엇을 안다고 함부로 입을 열어 말을 내느냐?"

그리고 "스스로 의롭다 하려 하여 나를 불의하다 하느냐?"[34]라고 말씀하십니다.

이렇게 하나님께서 대노하시자 욥이 대답하기를 "나는 의롭습니다. 제가 뭘 잘못했다고 이러시는 겁니까?"라고 대들지 않고, 바로 회개합니다.

하나님께서는 회개에 참 약하신 분이십니다. 욥이 회개하자 언제 그러셨냐는 듯이 욥을 용서하시고 욥에게 복에 복을 더하셨습니다. 우리 하나님께서는 자비하시고 긍휼히 여기시는 분이십니다.[35]

---

34) 욥기 40:8
35) 야고보서 5:11

아쉽게도 욥이 두 번째 시험에서는 실패했습니다. 욥의 입장을 충분히 이해할 수는 있습니다.

우리 중 누가 욥을 정죄할 수 있겠습니까?

그러나 욥의 실패로 말미암아 사탄 앞에서 큰소리치셨던 하나님의 체면이 말이 아니었습니다.

사탄은 낄낄대고 난리였을 것입니다.

욥이 첫 번째 시험에서는 멋지게 이겨냈는데, 두 번째 질병으로 몸을 쳤을 때는 하나님을 원망하고 넘어졌다는 것을 기억하면서 이제는 복음서로 넘어가도록 하겠습니다.

2. 예수님께서 당하신 두 번의 시험

사탄은 예수님을 크게 두 번 시험했습니다.

욥이 당한 두 번의 시험은 예수님께서 당하신 두 번의 시험을 예표합니다.

첫 번째 시험은 마태복음 4장 1-11절에 잘 나타나 있습니다.

예수님께서 40일간 금식하셨습니다. 많이 배고프셨습니다. 지치고 힘들었습니다. 이렇게 힘든 상황에서도 예수님의 마음에는 오직 하나님, 오직 하나님의 말씀으로 가득 차 있었습니다.

예수님께서는 욥처럼 첫 번째 시험을 멋지게 이겨내셨습니다.[36] 욥의 경우처럼 예수님께서 당하신 시험도 하나님께서 허락하셨기 때문에 사탄이 예수님을 시험할 수 있었다고 볼 수 있습니다. 이것은 합리적인 추측입니다.

사탄은 욥을 육체의 고통 속으로 몰아넣었을 때 욥이 넘어졌다는 것을 기억하고 있었습니다. 이제 사탄은 예수님의 몸을 쳐서 극한 고통 속으로 몰아가려는 **두 번째 시험을** 계획합니다.

사탄이 욥의 몸을 쳐서 시험해 보자고 했을 때, 하나님께서는 허락하시면서 한 가지 조건 즉 욥의 생명은 건들지 말라고 명령하셨습니다. 사탄이 예수

---

36) 누가복음 4:1-13

님의 몸을 쳐서 시험해 보자고 했을 때도, 하나님께
서는 허락하시면서 예수님의 생명은 건들지 말라고
사탄에게 명령하셨을 것입니다. 이것 또한 합리적인
추측입니다. 만약 하나님의 명령을 어기고 예수님을
죽음에 이르게 했을 때, 사탄이 받을 형벌을 두루
마리에 기록하셨다면 이는 아마 요한계시록 5장에
나오는 그 두루마리가 아닐까 생각해 봅니다.

두루마리 계약서를 작성할 때 사탄은 한 가지 조
건을 말했을 것입니다.
"흠 없는 어린 양처럼, 아무 죄 없이 죽은 그 사람
만이 두루마리의 인을 떼어 기록된 대로 심판을 할
수 있습니다."
아마 사탄은 긴급회의를 열었을 것입니다.
어떻게 하면 예수를 가장 극심한 고통 속으로 몰
아갈 것인가?
가장 극한 고통 가운데로 몰아가는 좋은 방법은
십자가에 매다는 것이었습니다. 예수님을 십자가에

매달면 고통 가운데 서서히 죽어가면서 욥처럼 하나님을 원망할 것이라고 사탄은 기대했을 것입니다. 아주 만족할 만한 방안이라고 생각했을 것입니다.

그러나 한 가지 고민이 있었을 것입니다. 십자가에 못 박으면 예수님을 가장 극심한 고통 속으로 몰아넣을 수 있어서 좋기는 한데, 십자가에서 예수님이 죽게 되는 것이었습니다.

이런 상황에서 사탄이 예수님을 십자가에 매달려고 한 것은 어찌 보면 사탄으로서는 승부수를 던진 것이었습니다. 예수님께서 십자가의 극심한 고통 가운데서 하나님을 원망하면 사탄의 승리가 되는 것이었습니다.

그러나 예수님께서 고통 가운데서도 하나님을 원망하지 않고 죄 없이 십자가에서 죽게 되면, 사탄은 하나님의 명령을 어기고 죄 없는 하나님의 아들을 십자가에서 살인하는 죄를 짓게 되는 것이었습니다. 그리고 하나님께서 하나님의 백성을 죽음에서 다시 살리셔도 법적으로 아무 하자가 없게 되는 것이었습니다.

사탄은 예수님을 십자가에 매달기 위해서 작업에 들어갔습니다.

사탄은 종교 지도자들의 마음에 예수님을 향한 시기심을 불러일으켰습니다. 또 사탄은 예수님의 제자 중 한 명인 가룟 유다의 마음에 들어가서 예수님을 배반할 마음을 불어 넣었습니다. 사탄은 무리를 충동질해서 빌라도를 압박했습니다.

빌라도는 예수님을 여러 번 풀어주려고 했습니다.[37] 예수님을 십자가에 못 박으면 예수님을 따랐던 무리들이 소동을 일으킬 수도 있다고 생각했을 것입니다. 그래서 이번 사건에서 발을 빼고 싶었을 것입니다. 그리고 무엇보다 예수님께서 아무 죄가 없다는 것을 알고 있었기 때문입니다.

---

[37] 누가복음 23:22

총독이 관리하는 지방의 모든 정보는 총독에게 보고되었을 것입니다. 지난 3년 동안 예수님으로 인해 이스라엘 전체가 들썩거렸습니다. 빌라도가 예수님에 대해서 모를 리가 없었습니다. 그래서 빌라도는 예수님을 여러 번 풀어주려고 했습니다.

그러나 사탄은 군중들을 충동질하여 유대 총독 빌라도를 막다른 골목으로 몰아넣었습니다. 만약 소요 사태라도 일어난다면 빌라도는 총독 자리에서 잘릴 수도 있는 상황이었습니다. 그래서 빌라도는 하는 수없이 예수님을 십자가에 못 박으라고 내어주었습니다.

십자가에서의 사형은 잔인하고 고통스러운 것이었습니다. 보통 십자가에서 처형당하기 전에 채찍질을 합니다. 채찍에는 뼛조각 같은 날카로운 것들이 달려 있어서 채찍질을 하면 살점이 뜯겨 나고 온몸이 피범벅이 됩니다. 어떤 경우에는 채찍질의 고통 때문에 십자가에 못 박히기 전에 채찍에 맞아 죽는 경우도 있었다고 합니다. 그만큼 채찍질의 고통이 심했습니다.

예수님께서는 채찍질의 고통에 탈진 상태가 되었습니다. 십자가를 지고 처형 장소로 올라갈 수도 없을 정도로 이미 탈진 상태였습니다.[38] 이런 탈진 상태에서 십자가에 못 박히셨으니 얼마나 힘들었겠습니까!

십자가에 매달리면 손과 발에 박힌 못 때문에 고통스럽습니다. 그리고 십자가에서 또 하나의 참기 힘든 고통은 호흡곤란입니다. 팔은 위로 벌려있고 몸은 아래로 처져있습니다. 또 피를 많이 흘려서 몸에는 피가 부족한 상태인데 이런 상황이면 숨쉬기가 힘들어집니다. 이렇게 예수님께서 십자가에 못 박히신 상태로 극심한 고통 가운데서 서서히 죽어가셨던 것입니다.

---

38) 마가복음 15:20-22

이 고통이 얼마나 큰 것이었는가는 예수님께서 십자가에 못 박히시기 전 겟세마네 동산에서 하신 기도 내용을 살펴보면 알 수 있습니다.

"심히 놀라시며 슬퍼하사 말씀하시되 내 마음이 심히 고민하여 죽게 되었으니."[39]

예수님께서는 십자가의 고통을 아셨습니다.

그래서 심히 괴롭고 고통스러워하셨습니다. 피하고 싶으셨을 것입니다. 그러나 아버지께 순종하셨습니다. 아버지의 뜻대로 십자가의 길을 걸어가셨습니다.[40]

사탄은 예수님을 십자가에 못 박고 한 가지 기대하는 것이 있었습니다.

십자가의 극심한 고통 가운데서 욥처럼 하나님을 원망하기를 기대했습니다. 만약 예수님께서 욥처럼 하나님을 원망하는 말 한마디라도 하신다면 우리는 죄 사함을 받을 수 없습니다. 우리는 다시 살아

39) 마가복음 14:33-34
40) 누가복음 22:41-42

날 수 있는 길이 없습니다. 영원히 죽어 있어야 합니다. 영원히 죽음의 감옥에 갇혀 있어야 합니다. 하나님께서 받으시는 희생의 제물은 어린 양처럼 아무흠도 없고 점도 없어야 하기 때문입니다.[41]

만약 예수님께서 십자가에서 "아버지, 내가 왜 이런 고통 속에서 죽어야 합니까? 내가 무슨 잘못을 했습니까? 저는 아무 잘못이 없습니다. 저는 의롭습니다. 아버지, 당신께서 실수하시는 겁니다"라고 원망하셨다면 우리의 구원은 물 건너간 것이었습니다. 그러나 예수님께서는 십자가에 못 박히신 극심한 고통 가운데서도 원망의 말을 한마디도 하지 않으시고 오히려 하나님을 높여 드리며 아버지를 온전히 믿고 죽음의 길을 가셨습니다.

십자가 아래에서는 종교 지도자들이 예수님을 조롱했습니다.[42]

---

41) 레위기 1-9장
42) 마태복음 27:41-43

"네가 하나님의 아들이라며? 네가 유대인의 왕이
라며? 그 능력으로 한 번 내려와 보시지."

제사장들이라면, 바리새인과 같은 영적 지도자들
이라면 예수님의 친구들이어야 했습니다. 그런데 욥
의 세 친구가 욥을 정죄했던 것처럼, 이들은 고통 속
에 있는 예수님을 조롱했습니다.

그러나 예수님께서는 당신을 조롱하는 종교 지
도자들과 다투지 않았습니다. 욥은 세 친구와 크게
싸웠지만 예수님께서는 그러지 않았습니다. 참고 잠
잠하셨습니다.

베드로전서 2장 22-23절에는 다음과 같이 증거
하고 있습니다.

"저는 죄를 범치 아니하시고 그 입에 궤사도 없으시며
욕을 받으시되 대신 욕하지 아니하시고 고난을 받으
시되 위협하지 아니하시고…"

예수님께서는 십자가의 고통 속에서도, 하나님을
향해서도 사람을 향해서도 순전을 지키셨습니다.

어쩌면 혹자가 이렇게 물어볼 수도 있을 것입니다.

"예수님께서 십자가에서 「나의 하나님 나의 하나님 어찌하여 나를 버리셨나이까?」라고 말씀하셨는데, 이것은 원망의 말이 아닌가요?"

예수님께서 하신 말씀은 시편 22편 1절에 나와 있는 구절입니다. 시편 22편은 유대인들이 고난 중에 있을 때 하는 기도문입니다. 또 이것은 예수님께서 십자가에서 하실 기도를, 성령의 감동으로 미리서 다윗을 통해서 기록해 놓으신 것입니다.

만약 시편 22편 1절의 말씀이 하나님을 향한 원망의 말씀이라면 뒤에 원망과 저주의 말이 함께 따라올 것입니다. 그러나 시편 22편을 자세히 살펴보면, 하나님께 자신의 상황을 품하는 기도와 하나님을 향한 찬양의 말들로 가득 차 있습니다.[43]

이로 보건대 예수님께서 하신 말씀은 원망의 말

---

43) 시편 22:3, 22:22-23, 22:27

이 아님을 알 수 있습니다. 예수님께서는 십자가에서의 극한 고통 속에서도 아버지를 원망하지 않으시고 오히려 하나님을 높여 드리며, 아버지께서 다시 살리실 약속을 온전히 믿고 죽음의 길을 가셨습니다.

예수님께서는 아무 죄 없이 십자가에서 죽으셨습니다. 어린 양처럼 아무 흠도 없이 점도 없이 우리를 대신해서 죽으셨습니다. 욥은 몸의 질병의 고통 속에서 넘어졌지만, 예수님께서는 십자가의 고통 속에서 승리하셨습니다.

그 결과 우리는 죄 사함을 받고 다시 살아날 수 있게 되었습니다. 하나님께서는 우리를 다시 살려내셔서 하나님께서 새롭게 준비하신 새 하늘과 새 땅, 새 에덴 즉 천국에서 영원토록 살게 해주실 것입니다.

아들을 보내셨던 하나님께서는 때가 되면 아들을

다시 이 땅에 보내실 것입니다.[44] 예수님을 다시 이 땅에 보내셔서 우리를 다시 살려내실 것입니다. 예수님께서 다시 오셔서 한 명도 빠뜨리지 아니하시고 하나님의 자녀들을 다시 살려내실 것입니다.

예수님께서는 요한복음 6장 39절에서 다음과 같이 말씀하셨습니다.

"…나를 보내신 이의 뜻은 내게 주신 자 중에 내가 하나도 잃어버리지 아니하고 마지막 날에 다시 살리는 이것이니라."

3. 승리의 노래

사탄은 십자가의 덫을 놓았습니다.

예수님께서 빠져나갈 수 없도록 치밀했습니다. 그러나 예수님께서는 이 모든 사탄의 음모를 아시면서도 피하지 않고 기꺼이 십자가를 지셨습니다. 당신께서 십자가에서 죄 없이 죽어야 아버지께서 사랑

---

44) 누가복음 21:27

하시는 사람들을 다시 살려낼 수 있기 때문입니다.

하나님께서는 아들을 사람으로 보내시면 사탄이 아들을 십자가에 못 박을 것을 아셨습니다. 당신의 하나밖에 없는 아들이 십자가에서 고통스럽게 서서히 죽게 된다는 것을 다 아셨습니다. 아들도 이 사실을 알았습니다. 그럼에도 불구하고 아버지의 뜻을 이루기 위해서 사람으로 오셨습니다. 사람으로 오셔서 우리를 다시 살리시기 위해서 우리 죄를 지시고 십자가에서 죽음의 길을 걸어가셨습니다.

십자가는 영적 전쟁터였습니다.

십자가에서 예수님의 승리로 말미암아 하나님께서는 두 가지의 전리품을 얻으셨습니다.[45]

첫째는, 당신께서 사랑하시는 백성을 다시 살려내셔도 이제는 법적으로 아무 하자가 없게 되었습니다.[46] 죄 없는 예수님께서 우리를 대신해서 죽어주

---

45) 히브리서 2:14-15
46) 로마서 3:25-26

셨기 때문입니다.

둘째로, 사탄은 죄 없는 하나님의 아들을 십자가에서 살인을 저지른 죗값을 받아야 합니다.

요한계시록 20장 10절에는 다음과 같이 기록하고 있습니다.

> "또 저희를 미혹하는 마귀가 불과 유황 못에 던지우니 거기는 그 짐승과 거짓 선지자도 있어 세세토록 밤낮 괴로움을 받으리라."

예수님께서는 십자가에서 되치기 한판승으로 승리하셨습니다. 예수님의 승리로 말미암아 십자가는 하나님께는 우리의 구원을 위한 신의 한 수가 되었으며, 사탄에게는 최악의 수가 된 것입니다.

에스더서에 보면, 교만한 하만이 모르드개를 나무에 매달기 위해 장대를 세웠지만, 자기가 쳐놓은 덫에 자기가 매달리게 된 것을 볼 수 있습니다. 사탄은 예수님을 잡으려고 십자가의 덫을 놓았는데, 하나님을 향해 교만했던 사탄은 자기가 쳐놓은 덫에 자기가 걸리게 된 것입니다.

하나님께서는 예레미야 50장 24절에서 이렇게 말씀하십니다.

> "바벨론아 내가 너를 잡으려고 올무를 놓았더니 네가 깨닫지 못하고 걸렸고 네가 나 여호와와 다투었으므로 만난바 되어 잡혔도다."

하나님께서는 예수님의 십자가를 통해서 하늘에서는 천사들에게, 땅에서는 사람들에게 당신의 사랑, 공의 그리고 능력을 분명하게 보여주셨습니다. 다시는 그 누구도 감히 하나님을 반역하지는 않을 것입니다.

4. 예수님 안에 있는 영생

앞에서 언급한 것처럼 사탄도 예수님께서 누구신지 알고 있었습니다.

그러면 사탄과 우리의 차이점은 무엇일까요?

사탄도 예수님께서 하나님의 아들이심을 알고 있

습니다. 우리도 예수님께서 하나님의 아들 그리스
도이심을 알고 있습니다.

그렇다면 사탄과 우리는 무슨 차이가 있을까요?

사탄은 예수님께서 하나님의 아들이심을 알고도,
예수님을 거절하고 배척하고 미워합니다.

반면에 우리는 하나님의 아들이신 예수님을 믿고
주님으로 모셔드리는 사람들입니다. 예수님을 사랑
하는 사람들입니다.

요한복음 1장 12절은 다음과 같이 말씀하십니다.
　"영접하는 자 곧 그 이름을 믿는 자들에게는 하나님
　의 자녀가 되는 권세를 주셨으니."

또한 요한계시록 3장 20절에서는 다음과 같이 말
씀하십니다.
　"볼찌어다 내가 문밖에 서서 두드리노니 누구든지 내
　음성을 듣고 문을 열면 내가 그에게로 들어가 그로 더
　불어 먹고 그는 나로 더불어 먹으리라."

예수님께서 찾아오셔서 각 사람의 마음의 문을 노크하십니다.

우리는 어떻게 반응해야 할까요?

마음의 문을 잠그고 예수님을 거절하면 예수님의 도움을 받을 수 없습니다.

자기 죄의 문제를 자기 스스로 해결해야 합니다.

누가 자기 죄의 문제를 스스로 해결할 수 있을까요?

없습니다.

죄의 결과는 영원한 지옥 형벌입니다.

반면에 하나님의 아들이신 예수님을 믿고 반갑게 마음의 문을 열어 주님으로 모셔드리면, 예수님께서 오셔서 우리의 구주가 되어주십니다.

우리의 친구가 되어주십니다.

우리를 구원해 주십니다.

우리에게 풍성한 삶을 주십니다.

그리고 마지막에는 예수님께서 다시 오셔서 우리

를 다시 살려내실 것입니다. 다시 살려내셔서 우리로 하여금 새 하늘과 새 땅, 새 예루살렘에서 하나님을 모시고 영원히 살게 해주실 것입니다.[47]

5. 예수님의 제자 되기

A. 예수님의 제자란?

예수님의 제자란 예수님을 믿고 따르며 예수님께 배우는 사람입니다.

예수님의 제자의 성서적 특징 몇 가지를 소개합니다.

1. 예수님을 믿는 자

예수님의 제자는 예수님을 믿는 사람입니다.

---

47) 요한복음 6:54

예수님께서 하나님의 아들이심을 믿고 마음의 문을 열어 예수님을 나의 주님으로 모셔드리는 사람입니다. 예수님에 대한 지식이 있다고 해서 예수님을 믿는다고 말할 수는 없습니다. 예수님께서 누구신가에 대한 지식은 사탄도 귀신도 가지고 있습니다. 어쩌면 우리보다 더 잘 알고 있을 것입니다. 하나님의 아들이신 예수님을 마음에 주님으로 모셔드리는 사람이 예수님을 믿는 사람입니다.

바울은 고린도후서 13장 5절에서 다음과 같이 말하고 있습니다.

"너희가 믿음에 있는가 너희 자신을 시험하고 너희 자신을 확증하라 예수 그리스도께서 너희 안에 계신 줄을 너희가 스스로 알지 못하느냐 그렇지 않으면 너희가 버리운 자니라."

실제로 그 마음에 예수님이 없이 머리로만 예수님에 대한 지식을 가지고 자신이 예수님의 제자요, 영적 지도자라고 말하는 사람들도 있을 것입니다.

2. 그리스도를 최우선에 두는 자

예수님의 제자는 그리스도를 삶의 최우선에 두는 사람입니다.

어린아이는 자기중심적입니다. 영적으로 미성숙한 그리스도인도 자기중심적입니다. 나를 위해서 선택하고 행동합니다. 삶의 주인이 자기 자신입니다. 그러나 성장하는 그리스도인은 예수님을 자기 삶의 첫 자리에 모시고 살아갑니다. 타인의 필요를 살펴서 섬길 줄 아는 사람으로 되어갑니다. 모든 일에서 예수님을 중심에 두고 살아가는 사람은 건강한 예수님의 제자로 잘 자라게 됩니다.

예수님께서는 누가복음 14장 26절에서 우리에게 말씀하십니다.

"무릇 내게 오는 자가 자기 부모와 처자와 형제와 자매와 및 자기 목숨까지 미워하지 아니하면 능히 나의 제자가 되지 못하고."

예수님의 제자는, 자신이 소중히 여기는 어느 누구보다도 예수님을 더 사랑하며 예수님을 최우선 순위에 두어야 합니다. 또 예수님의 제자는 돈과 명성보다도 예수님을 더 사랑해야 합니다.

예수님께서는 누가복음 14장 33절에서 이렇게 말씀하십니다.

　"이와 같이 너희 중에 누구든지 자기의 모든 소유를 버리지 아니하면 능히 내 제자가 되지 못하리라."

바울은 자신에게 있던 화려한 스펙을 다 해로 여겼다고 고백합니다. 자신의 명예보다도 예수님을 향한 사랑을 더 사모했던 사람이었습니다. 이런 사람이 예수님의 제자입니다.

바울은 빌립보서 3장 5-7절에서 다음과 같이 말합니다.

　"내가 팔일만에 할례를 받고 이스라엘의 족속이요 베냐민의 지파요 히브리인 중의 히브리인이요 율법으로는 바리새인이요 열심으로는 교회를 핍박하고 율법의

의로는 흠이 없는 자로라 그러나 무엇이든지 내게 유
익하던 것을 내가 그리스도를 위하여 다 해로 여길뿐
더러."

3. 하나님의 말씀을 사랑하는 자

예수님의 제자는 하나님의 말씀을 사랑하는 사
람입니다.

시편 119편 기자는 하나님의 말씀을 항상 사모
함으로 자신의 마음이 상한다고 표현하고 있습니
다.[48] 또 그는 자신이 주의 법을 어찌 그리 사랑
하는지 종일 말씀을 묵상한다고 고백하고 있습니
다.[49]

하나님께서는 우리에게 말씀하시는 분이십니다.
친히 음성으로 말씀하시면 듣는 사람들이 두려워
하기 때문에 하시고 싶은 말씀을 책에 기록해 주셨
습니다. 우리는 성경을 펼쳐 읽으면서 하나님께서

---

48) 시편 119:20
49) 시편 119:97

우리에게 하시는 말씀을 들을 수 있습니다. 우리는 성경에 기록된 하나님의 말씀을 암송할 수도 있습니다. 성경을 공부할 수도 있습니다. 설교 시간에 하나님의 말씀을 들을 수도 있습니다.

하나님의 말씀을 대할 때 한 가지 주의할 점은 기도를 생략하면 안 된다는 것입니다. 그리고 말씀 가운데서 순종해야 할 것을 보여주실 때 적용하는 것을 더디 해서는 안 됩니다. 듣고, 읽고, 암송하고, 공부하는 목적이 단순히 성경 지식을 쌓기 위한 것이라면 바리새인이 되는 지름길일 수 있습니다.

- 왜 듣습니까? 기도하기 위해서입니다.
- 왜 성경을 읽습니까? 기도하기 위해서입니다.
- 왜 암송합니까? 기도하기 위해서입니다.
- 왜 성경을 공부합니까? 기도하기 위해서입니다.
- 왜 묵상을 합니까? 기도하기 위해서입니다.

그리고 말씀을 가지고 기도하는 중에 하나님께서 순종하기를 원하시는 것을 보여주시면 순종하면 됩니다. 그리스도인의 삶은 이렇게 간단합니다. 쉽습니다. 가벼운 멍에입니다.

4. 기도하는 자

예수님의 제자는 기도하는 사람입니다.

기도는 하나님과 만나 이야기를 나누는 것입니다. 하나님께서는 성경 말씀 가운데서 말씀하시고, 우리는 하나님께서 하시는 말씀에 대해서 나의 이야기를 말씀드리면 됩니다. 이것이 기도입니다.

하나님을 만나 뵙고 이야기를 나누다 보면, 때로는 하나님의 크신 능력을 인하여 하나님께 찬양드릴 수 있습니다.

하나님의 크신 사랑을 인하여 하나님께 감사드릴 수 있습니다.

우리의 부끄러운 죄를 인하여 죄송하다고 말씀드릴 수 있습니다.

또 내 친구를 위해서 기도할 수 있습니다.

그리고 나의 필요를 아뢸 수도 있습니다.

하늘을 바라보세요.

하늘에 계신 하나님을 바라보세요.[50]

그리고 손을 흔들며 "안녕하세요?"라고 인사드리세요. **이것이 기도입니다.**

5. 그리스도께 순종하는 자

예수님의 제자는 그리스도께 순종하는 사람입니다.

순종은 어려워 보이지만 사실 쉽습니다. 매일 예수님을 말씀과 기도 가운데 만나는 사람이라면 순종은 쉽습니다. 그러나 내 안에 예수님이 불분명하면 어렵습니다. 예수님께서 말씀하시고 보여주신 대로 순종하면 됩니다. 거창하게 순종할 필요는 없습니다. 오늘 내가 할 수 있는 부분에서 순종하면 됩니다.

---

50) 시편 123:1

예를 들면, 요한복음 13장 34-35절에서 예수님께서 사랑하라고 말씀하시는데 이 말씀에 구체적으로 어떻게 순종할 수 있을까요?

어떤 사람은 "나는 내 나라와 민족을 위해서 이 한 몸을 바치겠다"라고 적용하는 사람이 있을 것입니다. 또 다른 사람은 "나는 오늘 내 쓰레기통을 비울 때 친구의 쓰레기통도 함께 비워주겠다"라고 적용할 수도 있습니다.

어떤 순종이 더 현실적이고 실행 가능한 적용일까요? 보기에는 전자가 멋있어 보이지만, 친구의 쓰레기통을 비워주는 것이 좋은 적용입니다. 오늘 내가 할 수 있는 작은 부분에서 신속하고 지체하지 않는 적용이 좋은 순종의 예일 것입니다.

예수님께서는 요한복음 14장 21절에서 다음과 같이 말씀하십니다.

"나의 계명을 가지고 지키는 자라야 나를 사랑하는 자니 나를 사랑하는 자는 내 아버지께 사랑을 받을 것이요 나도 그를 사랑하여 그에게 나를 나타내리라."

삶 속에서 예수님을 만나 동행하고 싶으십니까?

그 비결 중 하나는 바로 예수님께서 들려주시는 하나님의 말씀에 순종하는 것입니다. 순종을 하다 보면 하늘 보좌 우편에 계시는 예수님을 믿음의 눈으로 선명하게 볼 수 있게 됩니다

6. 교제를 즐거워하는 자

우리는 두 가지 교제가 형통해야 합니다.

하나는 말씀과 기도 가운데서 하나님과의 교제가 형통해야 합니다. 그뿐만 아니라 그리스도 안에서 함께 형제자매 된 그리스도인들과의 교제가 형통해야 합니다.

우리는 주를 깨끗한 마음으로 부르는 형제들과 함께 교제하는 것을 사모해야 합니다. 이것이 없이는 건강하게 살아갈 수 없습니다. 일대일로 만나서 교제할 수 있습니다. 소그룹에서 말씀을 나누며 기도하며 교제할 수 있습니다. 그리고 주일에 다 함께

모여 하나님께 예배드리는 것을 기뻐해야 합니다. 예수님의 제자는 형제자매들과 함께하는 것을 즐거워하는 사람입니다.

히브리서 기자는 다음과 같이 권면합니다.
　"서로 돌아보아 사랑과 선행을 격려하며 모이기를 폐하는 어떤 사람들의 습관과 같이 하지 말고 오직 권하여 그날이 가까움을 볼수록 더욱 그리하자"(히브리서 10:24-25)
또 바울은 디모데에게 다음과 같이 권면합니다.
　"또한 네가 청년의 정욕을 피하고 주를 깨끗한 마음으로 부르는 자들과 함께 의와 믿음과 사랑과 화평을 좇으라"(디모데후서 2:22)

7. 그리스도를 증거하는 자

예수님의 제자는 예수님을 자랑하며 증거하는 사람입니다.

그리스도인은 예수님을 믿고 영원한 생명을 선물로 받은 사람입니다. 예수님을 인하여 풍성한 삶을 누려 살아가는 사람들입니다. 나에게뿐 아니라 내 가족 내 이웃에게도 예수님이 필요합니다. 그들에게도 좋으신 예수님을 소개해야 합니다.

물론 전도는 영적 전투이기에 쉽지 않지만, 모든 사람이 예수님을 믿고 구원받기를 원하시는 하나님의 간절한 마음을 느껴 아는 사람이라면 기꺼이 예수님을 증거하는 삶을 살아야 합니다.

B. 예수님의 제자로 성장하기

예수님을 믿고 모셔드리면 하나님의 자녀로 태어납니다.

하나님의 자녀로 태어난 그리스도인은 예수님의 제자로 성장해가야 합니다.

죽은 것은 성장이 없습니다.

생명이 있다면 속도가 빠르든 느리든 성장하는 모

습을 보일 것입니다.

예수님의 제자로 성장해가는 사람은 그의 삶 속에서 크고 작은 열매를 맺어갑니다. 삶 속에서 맺어가는 풍성한 열매를 인하여 우리는 하나님께 영광을 돌릴 수 있습니다. 하나님의 기쁨이 될 수 있습니다.[51]

그런데 우리는 우리 힘으로 열매를 맺을 수 없습니다. 가지가 포도나무에 붙어있어야 비로소 열매를 맺음같이, 포도나무 되시는 예수님 안에 거해야 우리는 풍성한 열매를 맺을 수 있습니다.[52] 우리가 우리의 노력으로 열매를 맺으려고 애쓴다고 해서 되는 것이 아닙니다. 열매 맺는 방법은 간단합니다. 가지가 그저 나무에 붙어있기만 하면 열매는 자연스럽게 맺어지게 됩니다.

우리가 훈련해야 하는 것은 포도나무 되시는 예

51) 빌립보서 1:11
52) 요한복음 15:5

수님께 붙어있는 연습을 하는 것입니다. 훈련은 어려워 보입니다. 그러나 우리의 연약함을 아시는 하나님께서는 우리를 도우시는 분을 보내주셨습니다. 바로 성령 하나님이십니다. 성령님께서 우리와 함께 계셔서 우리를 도와주십니다. 우리로 능히 예수님 안에 거하게 해주십니다.

말씀과 기도 가운데서 예수님과 만나 동행하며 또 그리스도께 순종하는 삶을 살도록 도와주십니다. 그래서 풍성한 성령의 열매를 맺게 해주십니다.

갈라디아서 5장 22-23절은 예수님의 제자가 맺는 성령의 열매에 대해서 다음과 같이 말하고 있습니다.

"오직 성령의 열매는 사랑과 희락과 화평과 오래 참음과 자비와 양선과 충성과 온유와 절제니…."

그렇다면 어떻게 하면 예수님의 제자로 잘 성장할 수 있을까요?

방법은 간단합니다. 일상생활 속에서 예수님과 동행하면 됩니다. 예수님과 동행하는 삶은 예수님과 만나는 삶입니다. 모세가 하나님을 만나 뵈었던 것처럼, 우리가 매일의 삶 가운데서 예수님을 만나 뵙고 살아간다면 자연스럽게 예수님의 제자로 성장할 수 있습니다. 그 결과 성령의 열매는 자연스럽게 맺혀질 것입니다.

어떻게 예수님과 만날 수 있을까요?

말씀과 기도입니다.

● 말씀을 읽으면 읽은 내용으로 예수님과 이야기를 나누면 됩니다.

● 암송한 말씀을 묵상하면서 그 내용으로 예수님과 이야기를 나누면 됩니다.

● 성경을 공부한 내용으로 예수님과 이야기를 나누면 됩니다.

● 설교 시간에 들은 내용으로 예수님과 이야기를 나누면 됩니다.

성경에 기록된 하나님의 말씀은 예수님을 만나 뵙고 교제할 때 이야기 주제가 됩니다. 그리고 예수 님께서 말씀하실 때 순종할 것이 있으면 순종하면 됩니다.

예수님께서는 누가복음 9장 23절에서 말씀하십 니다.

"또 무리에게 이르시되 아무든지 나를 따라 오려거든 자기를 부인하고 날마다 제 십자가를 지고 나를 좇을 것이니라."

이 말씀을 가지고 다음과 같이 기도할 수 있습 니다.

"예수님! 제가 예수님을 따르기를 원합니다. 제가 저 자신을 부인하고 예수님을 제 삶의 주인으로 모 시고 예수님을 따르기를 원합니다."

또 마태복음 28장 19-20절을 읽습니다.

"그러므로 너희는 가서 모든 족속으로 제자를 삼아 아

버지와 아들과 성령의 이름으로 세례를 주고 내가 너
희에게 분부한 모든 것을 가르쳐 지키게 하라 볼찌어
다 내가 세상 끝날까지 너희와 항상 함께 있으리라."

이 말씀을 읽고 다음과 같이 말씀드릴 수 있습
니다.

"예수님, 주님께서 분부하신 대로 가서 제자 삼기
를 원합니다. 성령 하나님을 보내셔서 저를 도우사
저로 능히 가서 제자 삼게 하시니 감사합니다."

만남은 사람과 사람이 얼굴을 보고 이야기 나누
는 것입니다. 눈으로 상대를 보고 이야기를 나누는
것입니다. 그러나 이것만이 만남은 아닙니다. 카톡
이나 문자메시지로 만나는 방법도 있습니다. 멀리
있는 친구가 하고 싶은 말을 문자로 적어 보내면 나
는 내 휴대폰으로 전송된 문자를 읽습니다.

문자를 읽는 것은 친구의 말을 듣는 것입니다.

그리고 나의 말을 문자로 적어 보냅니다. 이렇게
친구와 이야기를 나눌 수 있습니다. 이것은 얼굴을

보고 이야기 나누는 것은 아닙니다. 문자로 이야기
를 나누는 것입니다.

성경은 하늘나라의 휴대폰과도 같다고 생각합
니다.

하나님께서 말씀하시고 싶으신 것을 휴대폰에 문
자로 적어주셨습니다. 휴대폰을 펼쳐서 읽으면, 지
금 하나님께서 나에게 하시는 말씀을 듣는 것입니
다. 읽고 나의 이야기를 합니다. 이것이 바로 기도입
니다. 지금도 저 하늘에서 하나님께서는 우리에게
휴대폰으로 문자를 보내십니다.

성경을 펼쳐 들고 읽어보세요.

지금 하나님께서 하시는 말씀을 들을 수 있습니
다. 그리고 나의 이야기를 하면 됩니다. 이렇게 하나
님과 만나 이야기를 나눌 수 있습니다.

예를 들어 시편 23편을 읽을 때 이 시를 가지고
하나님께 이렇게 말씀드릴 수 있습니다.

「하나님!
주님께서는 저의 목자 되시니
제게 부족함이 없습니다.
저를 쉴만한 물가와 푸른 초장으로
인도하여 주시니 감사드립니다.
제가 사망의 음침한 골짜기를 다닐지라도
저와 함께해 주시니 감사드립니다.
하나님의 이름을 위하여
저를 의의 길로 인도하소서.
예수님의 이름으로 기도드립니다. 아멘!」

　누군가를 자주 만나야 그 사람을 향해 미운 정이
들든지 고운 정이 들든지 할 것입니다. 예수님을 향
한 사랑과 믿음에서 자라고 싶은 마음이 있다면 말
씀과 기도 가운데서 예수님을 자주 만나야 합니다.
그리고 순종할 것이 있으면 순종하면 됩니다. 그러
면 자연스럽게 예수님을 향한 믿음과 사랑 안에서
자라게 됩니다. 예수님의 제자로 성장하게 되는 것

입니다.

한 가지 제안을 하자면, 매일 복음서 한 장을 읽으면서 그 내용으로 예수님과 이야기를 나눠보세요. 작다고 생각할 수 있지만 결코 작지 않습니다. 길을 가면서도 하늘을 바라보며 보좌 우편에 계시는 예수님께 손을 흔들면서 "안녕하세요?"라고 말씀드려보세요. 하늘에서 보시고 크게 기뻐하실 것입니다. 자주 인사드리세요.

예수님을 가끔 만나는 사람은, 예수님께서 반드시 계시는지에 대한 확신이 부족합니다. 예수님께서 하나님의 아들 구세주이신지에 대한 믿음이 희미합니다. 예수님의 임재를 느낄 수 없습니다. 어떨 때는 계신 것 같고, 어떨 때는 가상의 인물같이 느껴질 때도 있을 것입니다.

그러나 매일 말씀과 기도 가운데 예수님을 만나뵙는 사람에게는 예수님이 선명합니다. 믿음의 눈으로 하늘 보좌 우편에 계시는 예수님을 볼 수 있습니다. 우리 마음에 예수님께서 선명하면 기도가 즐겁습니다. 순종하는 것이 쉽습니다. 말씀이 달고 맛있습니다. 전도가 어렵지 않습니다. 그리고 겸손히 하나님께 예배드리며 찬양드리는 것이 기쁨이 됩니다.

　예수님을 자주 만나 이야기를 나누세요. 말씀과 기도 가운데서 예수님을 자주 만나세요. 그리고 순종할 것이 있으면 순종하면 됩니다. 예수님의 제자로 성장하는 방법은 이처럼 참으로 쉽습니다.

6. 예수님을 증거하는 삶

　건강하게 살기 위해서는 운동을 해야 합니다.

　움직이지 않고 먹기만 하면 병에 걸리기 쉽습니다. 그리스도인들도 말씀을 맛있게 먹고 전도도 해야 합니다. 그래야 영적 건강을 잘 유지할 수 있습니다.

　전도하지 않으면 우리의 신앙은 나약해집니다. 쑥

쑥 잘 자라는 것 같지만 나약합니다. 전도는 영적 전쟁입니다. 전쟁은 쉽지 않습니다. 그러나 때를 얻든지 못 얻든지 간에 전도에 힘쓰면 우리는 강한 예수님의 제자로 자라나갈 수 있습니다.

어떻게 하면 효과적으로 전도할 수 있을까요?

첫째, 예수님을 매일 말씀과 기도 가운데서 만나 뵙고 있어야 합니다.[53]

내 안에 예수님께서 선명하지 않으면 전도는 어렵습니다. 그러나 우리가 매일의 삶 가운데서, 말씀과 기도 가운데서 예수님을 만나고 있다면 쉽습니다. 매일 만나는 예수님을 증거하면 되는 것이기 때문입니다.

둘째, 우리는 빛으로 드러나는 삶을 살아야 합니다.[54]

사람들은 우리의 삶이 나타내는 빛을 보고 있을 것입니다. 빛으로 드러나는 삶을 보고 사람들은 우

---

53) 고린도전서 1:9
54) 마태복음 5:16

리의 말에 귀를 기울일 것입니다. 그리고 우리가 믿는 예수님께 관심을 보일 것입니다. 우리의 삶으로 전도하는 것은 가장 강력한 복음 전파의 방법입니다.

셋째, 우리는 말로 복음을 설명할 수 있어야 합니다.[55]

모든 사람이 죄를 범했습니다. 죄의 형벌은 죽음입니다. 하나님께서는 우리가 죄인임에도 불구하고 우리를 사랑하셨습니다. 우리를 구원하시기 위해서 하나밖에 없는 아들 예수님을 세상에 구세주로 보내셨습니다. 예수님께서는 우리의 죄를 대신해서 십자가에서 죽으시고 부활하셨습니다. 마음의 문을 열고 하나님의 아들이신 예수님을 나의 구세주로 믿고 모셔드리면 구원을 선물로 받습니다.

예수님을 하나님의 아들로 믿고 구세주로 모셔드리겠습니까?

---

55) 베드로전서 3:15

그렇다면 다음과 같이 기도할 수 있습니다.

「예수님, 저는 죄인임을 시인합니다.

저는 예수님께서 하나님의 아들이심을 믿습니다.

저의 죄를 대신해서 십자가에서 죽으시고

부활하신 것을 믿습니다.

제 마음을 열고 예수님을 저의 구세주로

모셔드립니다. 아멘.」

마지막으로, 나의 이야기를 준비하고 있어야 합니다.[56]

사람들은 이야기 듣는 것을 좋아합니다.

우리는 예수님을 믿게 된 자신만의 이야기를 가지고 있습니다. 우리의 이야기를 들려주는 것은 효과적인 전도 방법입니다.

사도행전 22장, 26장에는 바울이 자신의 이야기로 복음을 전한 이야기가 기록되어 있습니다.

---

56) 사도행전 22장, 26장

이를 세 부분으로 나누어 볼 수 있습니다.

첫째 부분은, 예수님을 만나기 전 바울의 삶에 대해서 기록하고 있습니다.

둘째 부분은, 바울이 어떻게 예수님을 만나고 회심하였는가에 대한 기록입니다.

셋째 부분은, 예수님을 만난 뒤 바울의 삶에 대해서 기록하고 있습니다.

바울은 자기 자신의 이야기를 꾸미거나 바꾸지 않았습니다. 자신에게 있었던 일을 그대로 증거하였습니다. 우리도 바울처럼 나의 이야기를 들려주면 됩니다. 예수님을 믿기 전의 자신의 상태, 그리고 어떻게 예수님을 만나고 믿게 되었는지에 대한 설명, 마지막으로 예수님을 믿고 난 후 변화된 자신의 모습에 대해서 있는 그대로 이야기하면 됩니다.

7. 예수님의 제자 삼기

　예수님께서 마태복음 28장 19-20절에서 제자들에게 지상 사명을 주셨습니다.
　　"그러므로 너희는 가서 모든 족속으로
　　제자를 삼아 아버지와 아들과 성령의 이름으로
　　세례(침례)를 주고 내가 너희에게 분부한 모든 것을
　　가르쳐 지키게 하라…."
　예수님의 제자로 성장했으면 그다음에는 예수님의 말씀에 순종해서 가야 합니다. 가서 제자를 삼아야 합니다. 제자를 삼되 내 제자를 삼으면 안 됩니다. 가서 '예수님의 제자'를 삼아야 합니다.

　우리는 나약한 사람입니다.
　하나님께서 모세에게 애굽으로 가라고 하셨을 때 머뭇거리고 주저했던 것처럼, 우리도 가라는 말씀에 주저할 수 있습니다. 하나님께서는 우리의 연약함을 아십니다. 우리 힘으로는 가서 제자 삼을 수 없다는 것을 아십니다. 그래서 우리로 하여금 능히 가서 제자 삼을 수 있도록 우리에게 성령 하나님을 보내주셨습니다. 성령 하나님께서는 우리와 함께 하셔서 우리를 도우사 능히 가서 제자 삼게 해주십니다.[57]

제자 삼는 방법은 간단합니다.

당연한 이야기지만 제자를 삼으려면 내가 먼저 제자가 되어야 합니다. 내가 먼저 제자로 성장했다면 그다음은 쉽습니다. 내가 배운 것을 그대로 보여주면 됩니다. 그러면 형제자매는 나를 보고 그대로 따라 할 것입니다.[58]

조금 더 설명하자면, 내 삶의 첫 자리에 예수 그리스도를 모시는 삶을 보여주면 됩니다. 말씀과 기도 가운데서 예수님을 자주 만나 뵙는 모습을 보여주면 됩니다. 예수님께 순종하는 삶을 보여주면 됩니다. 형제자매와 개인적으로 교제하며 또 함께 하

---

57) 사도행전 1:8 / 마태복음 28:19-20
58) 베드로전서 5:2-4 / 고린도전서 11:1

나님께 예배드리면 됩니다. 그리고 전도하는 모습을
보여주면 됩니다. 그러면 형제자매는 그대로 따라서
할 것입니다.

제자 삼을 때, 말로 가르치는 것도 중요합니다.

그리고 본을 보여주는 것은 말로 가르치는 것보
다 더 강력한 제자 삼는 방법입니다.

8. 영적 지도자 세우기

예수님께서는 마태복음 28장 19-20절에서 제자
들에게 "가서 제자 삼으라"라고 말씀하셨습니다.

이 당시에 제자들은 능히 가서 제자를 삼을 수 있
는 영적 지도자의 수준이었습니다. 예수님께서는 신
학을 공부하지 않은 제자들을 모아서 본과 말로 가
르치셨고, 그들을 영적 지도자로 양육하셨습니다.
그리고 그들에게 "가서 제자 삼으라"라고 부탁하셨
습니다.

여기서 좀 더 확장해서 묵상해 본다면, 제자 삼으라고 하셨을 때 제자는 단순한 제자가 아니라 '가서 제자를 삼을 수 있는 제자'입니다. 즉 영적 지도자를 세우는 일까지가 지상 사명인 것입니다. 이것이 제자사역의 꽃이라고 할 수 있습니다.

제자사역은 모든 성도를 사역자로 세우는 사역입니다. 다른 말로 표현하자면, 모든 성도를 영적 지도자로 세우는 사역입니다. 모든 성도를 들러리가 아닌 사역의 주인공으로 세우는 사역입니다.

목회자는 주인공이 아니라 세례요한과 같이 조연이 되어야 합니다.

세례요한은 행복한 들러리였습니다. 주인공의 길을 예비하는 행복한 들러리였습니다.

다윗의 아비 이새도 행복한 들러리였습니다. 아들 다윗을 인하여 영광을 얻었던 행복한 들러리였습니다.

사무엘도 다윗의 길을 예비했던 행복한 들러리였

습니다.

우리도 세례요한처럼, 다윗의 아비 이새처럼, 그리고 사무엘처럼 다음 세대를 위한 행복한 들러리가 되어줄 수 있어야 합니다.

예수님께서도 행복한 들러리이셨습니다.

사도행전 2장과 4장에는 사도들이 복음을 전할 때 수많은 사람이 믿고 예수님의 제자가 되었다고 기록하고 있습니다.[59]

한 번의 설교에 예수님을 믿고 제자가 된 이 수많은 무리는 누구였을까요?

복음서에 보면, 수많은 무리가 예수님께서 행하신 표적을 보았습니다. 그리고 예수님께서 가르치신 천국 복음을 들었습니다. 생각건대, 사도들이 복음을 전했을 때 예수님을 믿고 제자 된 수천 명의 사람들은 예수님을 따랐던 수많은 무리였을 것입니다.

---

59) 사도행전 2:41, 4:4

어찌 보면 예수님의 사역은 초대교회를 섬길 제자들의 길을 예비하신 것이었습니다. 주인공이신 예수님께서는 제자들의 길을 예비하신 행복한 들러리이기도 하셨습니다.

목회자는 모든 성도들이 영적 지도자로 성장해서 각자가 처한 곳에서 영적 지도자로서 역할을 할 수 있도록 돕는 역할을 해야 합니다.

각 가정은 평범한 가정일 수 있고, 또 작은 교회가 될 수도 있습니다. 아빠, 엄마가 말씀과 기도로 자녀들을 양육하며 가정예배를 드리는 가정은 일반 가정이 아니라 교회가 됩니다.

이 가정교회의 목사 역할은 아빠이며, 엄마는 사모가 되며, 자녀들은 성도들이 됩니다. 모든 성도들은 가정교회의 목사 역할을 해야 합니다. 그래서 다음 세대인 자녀들을 예수님의 제자로 잘 양육해야 합니다. 모든 성도들이 가정에서 목사로서 역할을 잘할 수 있도록 돕는 일이 목회자의 역할이어야 합니다.

교회의 구역은 구역 교회입니다. 구역장이 말씀과 기도로 구역 식구들을 돌보며 구역예배를 드린다면, 구역장은 바로 구역 교회의 목사입니다.

주일학교 분반은 작은 교회입니다. 주일학교 선생님이 말씀과 기도로 학생들을 양육한다면 주일학교 교사는 그 작은 교회의 목사인 것입니다.

바리새인이나 율법사들의 눈에 예수님께서는 평신도였습니다.[60] 열두 제자들도 평신도였습니다.[61] 그러나 하나님의 나라는 평범하게 보이는 열두 제자들을 통해서 확장되어 갔습니다. 모든 그리스도인이 영적 지도자로 성장해서 하나님 나라의 확장에 쓰임 받고자 하는 거룩한 욕심이 있으면 좋겠습니다.

이사야 6장 8절에서 하나님의 부르심에 적극적으

---

60) 요한복음 7:15
61) 사도행전 4:13

로 반응했던 이사야처럼 선한 욕심을 가졌으면 좋
겠습니다.

> "내가 또 주의 목소리를 들은즉 이르시되 내가 누구
> 를 보내며 누가 우리를 위하여 갈꼬 그 때에 내가 가로
> 되 내가 여기 있나이다 나를 보내소서."

9. 나가는 말

예수님께서는 대저 물이 바다를 덮음같이 여호
와의 영광이 세상에 가득하게 될 그날을 꿈꾸시며
이 땅에 오셔서 십자가를 지시고 제자를 삼으셨습
니다. 그리고 "가서 제자 삼으라"라고 부탁하셨습니
다.[62]

제자 삼는다는 말은 영적 자녀를 낳는 것입니다.
그 자녀가 자라서 또 다른 영적 자녀를 낳을 것입니
다.[63] 이렇게 낳고 낳으면 하나님 나라는 확장이 됩

---

62) 마태복음 28:19-20
63) 디모데후서 2:1-2

니다.

아담 그리고 노아와 그 가족부터 시작해서 어떻게 온 땅에 사람이 가득하게 되었습니까?

자녀를 낳고 낳아서 온 세상에 가득하게 된 것입니다.[64]

똑같은 원리입니다. 영적 자녀를 낳고 낳으면 온 세상에 하나님의 영광을 구하는 하나님의 백성들로 가득하게 될 것입니다. 그 결과 대저 물이 바다를 덮음같이 하나님의 영광이 온 세상에 가득하게 될 것입니다.[65]

너희 빛을
사람 앞에
비취게하여
저희로 너희
착한 행실을 보고
하늘에 계신
너희 아버지께
영광을 돌리게 하라

마5:16

---

64) 창세기 5장, 10-11장 / 역대상 1-9장
65) 하박국 2:14 / 민수기 14:21 / 이사야 11:9

제**2**부

부부 약사 선교사의
제자 이야기

저와 아내는 동아시아 대학교를 중심으로 제자사역을 하였습니다.

사역 전반부에는 동아시아 대학생들을 대상으로, 후반부에는 동아시아에서 유학하는 아프리카 유학생들을 복음으로 섬겼습니다. 선교지에서의 17년을 돌아보니 100m 달리기를 하는 운동선수처럼 달렸던 것 같습니다.

선교지에서 제일 필요한 것은 기도입니다.

선교사는 선교지에 그냥 살러 간 사람이 아닙니다. 하나님의 영광을 위해서 사역의 열매를 기대하며 사역하는 사람입니다. 이런 선교사에게는 기도가 제일 중요합니다.

선교지에서 사역이 되고 안 되고는 하나님 손에 달려있기 때문입니다. 그래서 기도 편지를 부지런히 보냈습니다. 선교 편지에 기도 제목과 함께 저의 짧은 묵상의 글들을 함께 보내곤 했습니다. 그 글들을 모아보았습니다.

우리의
믿는 도리의 사도시며
대제사장이신
예수를
깊이 생각하라

히3:4

1. 제가 갈게요

언젠가 하나님께서는 '동아시아에 누구를 보낼까?' 찾고 계셨습니다.

'누구를 보낼꼬…'

하나님께서는 마음에 둔 사람이 있었습니다.

그런데 예상치 못한 엉뚱한 사람이 "제가 갈게요" 하고 손을 들더니 그냥 가버렸습니다.

하나님께서도 조금 당황하셨을 것 같습니다.

'어, 어, 쟤가 가면 안 되는데….

많고 많은 사람 중에 왜 하필 쟤가 손을 드나….'

하나님께서는 급하셨던 것 같습니다.

그냥 내버려 두었다가는 하나님의 영광을 가릴 것이 뻔했기 때문입니다.

하나님께서는 당신의 이름을 위하여 그 사람을 급하게 바꾸어 가셨습니다.

10년 동안 그 사람은 동아시아 광야에서 바뀌어지느라 고생을 많이 했습니다.

그리고 고생한 자리에는 하나님의 은혜도 넘쳐났습니다.

2. 선교사란?

"대저 표면적 유대인이 유대인이 아니요 표면적 육신의 할례가 할례가 아니라 오직 이면적 유대인이 유대인이며 할례는 마음에 할찌니…"(로마서 2:28-29)

누가 선교사인가를 생각해 봅니다.

외형상 선교사가 선교사일까요?

어느 곳이든지 자신이 있는 곳에서 선교사로서의 역할을 하는 사람이 선교사가 아닐까요?

삶의 현장에서 말씀과 삶으로 복음을 전하고 예수님을 가르치며, 그들을 주님 안에서 완전한 자로 세우는 일을 하고 있는 사람이 바로 하나님 앞에 진정한 선교사일 것입니다.

3. 아빠 되기

그때도 여느 때처럼 말씀을 읽고 암송한 말씀을 묵상하면서 기도하고 있었습니다.

순간 심히 부끄러운 마음이 들었습니다. 하나님께서는 저희에게 도와야 할 사람들을 보내주셨습니다. 이들을 향해서는 섬기는 종으로서 웃으면서 마음과 정성을 다해 도와가고 있었습니다. 반면에 세 자녀를 향해서는 엄하게 대하며 쉽게 화를 내는 저의 모습을 보게 되었기 때문입니다. 영혼들에 대해서는 오래 참으며 온유함으로 대하는데, 세 자녀에 대해서는 오래 참지 못했고 온유한 모습도 아니었습니다.

부끄러웠습니다. 저는 아이들을 향해서 이 정도면 괜찮은 아빠인 줄로 착각하고 있었습니다. 착각에는 커트라인이 없나 봅니다.

어느 토요일, 오전 일을 마치고 오후에는 세 자녀

와 함께 시간을 보내기로 작정했습니다. 그러나 피곤했습니다. 쉬고 싶었습니다.

그때 저 자신에게 이렇게 물어보았습니다.

"돕는 영혼들과 함께 시간을 보내야 한다면
나는 어떻게 할까?"

저는 아무리 피곤하더라도 그들과 함께 시간을 보낼 것이 분명했습니다. 그래서 부엌으로 갔습니다. 커피 한 잔을 마시고 아이들과 밖으로 나가서 함께 놀았습니다.

4. 소매치기

저희 집에는 차가 한 대 있습니다.

저는 이 차를 타고 학교에 다닙니다. 얼마 전 이 차를 타고 찬양을 부르면서 학교에서 집으로 돌아오고 있었습니다. 그때 한 현지인이 저에게 "당신 지갑을 소매치기당했네요"라고 말했습니다. 살펴보니 지갑을 넣어둔 호주머니가 가벼웠습니다. 그러나 지갑에는 사역과 관련된 자료가 없었기 때문에 저는 계속해서 찬양을 부르면서 집으로 돌아왔습니다.

집으로 돌아온 후 아내와 이야기를 하면서 한 가지 생각이 스쳤습니다.

"세 아이 중 한 명이라도 유괴를 당하지 않도록 잘 돌보아야겠다. 사탄에게 내 자녀를 소매치기당해서는 절대 안 되지."

밖에서의 나의 모습과 집 안에서의 나의 모습이 일치한다면 저는 대적에게 자녀들을 소매치기당하지 않을 것입니다. 참고로 제가 타고 다니는 차는 자전차입니다. 자전거라고도 하지요.

5. 권면

저에게는 가장 기대되는 한 형제가 있었습니다.

형제는 잘 성장하고 있었습니다. 그러나 예상대로

조금 지나서 영적 슬럼프가 찾아왔습니다. 그래서 마태복음 6장 33절 말씀으로 권면해야 할 필요가 생겼습니다.

> "너희는 먼저 그의 나라와 그의 의를 구하라 그리하면 이 모든 것을 너희에게 더하시리라."

나는 '형제가 권면을 못 받아들이면 어떻게 하나?' 싶어 조금은 긴장된 마음으로 권면을 했습니다. '아직 어린데 너무 강하게 이야기했나?' 싶었는데 형제는 두 차례에 걸친 권면을 잘 받아들였습니다. 저는 하나님께 감사드렸습니다.

그때의 권면을 통해서 권면이 얼마나 어려운 일인지 다시 한번 깨달았습니다. 그런데 한국 캠퍼스에서 사역할 때는 어찌 그리도 권면을 남발하였는지…. 생각해 보면 참으로 부끄럽습니다. '성령의 검인 말씀으로 형제를 세워야 하는데, 그 선한 말씀으로 형제를 상하게 했던 건 아닌지…'라는 생각에 마음이 아팠습니다.

한 번의 권면을 위해서는 간절한 기도가 필요했습니다. 저 자신의 마음을 사랑으로 채워야 했습니다. 그리고 충분히 그의 이야기를 듣고 그의 사정을 충분히 이해하며 공감했어야 했습니다.

권면을 잘 받아들인 형제가 계속 예수님 안에서 잘 성장했으면 좋겠습니다.

6. 웃음과 우울

어느 날이었습니다.

제게 하나밖에 없는 아들이 "아빠! 얼굴에 주름!"이라고 외쳤습니다. '무슨 주름?'이라고 생각했는데 웃음이 사라지고 있는 얼굴에 주름이 잡히고 있었습니다.

우리는 살면서 감기에 걸립니다.

언제 걸렸는지도 모르게 가볍게 지나갈 수도 있고 독감처럼 힘들게 지나가는 경우도 있습니다. 선교지에서 모든 선교사는 감기에 걸리는 것처럼 우울한 감정에 걸립니다. 가볍게 지나가는 경우도 있고 조금 심한 경우도 있습니다.

선교지는 한국과 다른 문화권입니다. 낯선 곳입니다. 주변에 많은 현지인들이 있지만 깊이 있는 대화가 쉽지 않습니다. 사람은 많지만 마치 무인도에서 사는 것 같음을 느낍니다. 특히 쨍한 날보다 흐린 날이 많은 선교지라면 선교사는 더 쉽게 우울한 감정에 빠지기 쉽습니다. 저희가 살았던 선교지는 흐린 날씨가 대부분인 곳이었습니다.

하나님께서 "기뻐하라"라고 명령하십니다.

그리고 "평안하라"라고 말씀하십니다.

이러한 하나님의 말씀은 우리를 힘들게 하기 위해서 주시는 것이 아닙니다. 하나님은 다 우리의 유익을 위해서 이런저런 말씀을 해주십니다. 기쁨과 평안이 사라지는 곳에는 우울한 감정이 채워지게 됩니다. 이것이 심하고 오래 지속되는 것을 학자들은 우울증이라고 정의합니다.

우리가 기쁨과 평안 가운데 살아가기 위해서는 보통 두 가지의 관계가 중요합니다. 이 관계가 깨지면 감정의 균형감각도 깨지기 쉽습니다.
하나는 하나님과의 관계이고 또 하나는 사람과의 관계입니다.
말씀과 기도 가운데서 하나님과의 관계가 형통해야 합니다. 그리고 만나는 사람들과의 관계도 형통해야 합니다.

하나님과의 관계가 형통하기 위해서 중요한 것 중 하나는 찬양입니다. 즉 나를 낮추고 겸손한 마음으로 하나님을 높여드리는 것입니다. 아담과 하와가 선악과를 따먹은 뒤로 저주받은 인생에서 어려운 것이 찬양입니다. 사람의 마음에 교만이 자리하게 되었기 때문입니다. 그래서 찬양은 훈련이 필요합니다. 성령 하나님께서 도와주시니 어렵지만 무릎으로 하나님 앞에 나아갈 수 있습니다.

대인관계가 형통하기 위해서 중요한 것은 나를 낮추고 상대를 높이는 것입니다. 나보다 상대를 낮게 여길 줄 알아야 합니다. 마음에 교만이 자리 잡은 우리는 자신을 높이기를 원합니다. 이생의 자랑을 먹고 살아가기를 좋아합니다. 나를 낮추고 상대를 높여주면 상대와 친구가 되기 쉽습니다.

저는 선교지에서 여느 선교사들처럼 감기를 앓듯이 웃음이 사라지고 우울감을 느꼈던 적이 있습니다. 그런 시간을 겪은 후 잠시 스쳐 지나가는 한 분 한 분이 너무나도 귀하다는 걸 알게 되었습니다. 그 분들과 웃으며 이야기하고 살아가는 것이 하나님께서 주신 치료제였습니다.

그런데 한 분 한 분들과 좋은 관계 속에서 웃으며 지내기 위해서는 상대를 나보다 낮게 여길 수 있어야 합니다. 상대를 좋은 마음으로 축복할 수 있어야 합니다. 내 말은 더디 하고 상대의 말을 듣는 것을 속히 해야 합니다. 상대를 잘 관찰해서 칭찬해 줄 수 있어야 합니다.

선교지에서 학생비자를 받기 위해서 의대생이 되었습니다. 제가 약대를 졸업했기 때문에 의대생이 되는 것이 자연스러울 것 같았습니다. 비자 때문에 의대에서 공부했는데 시간이 흘러 졸업을 하게 되었습니다.

'혹시 하나님께서 다음을 위해 나를 의료선교사로 준비하게 하는 것이 아닐까?'라는 생각에 호주 의사고시를 준비했습니다. 시험을 위해 공부해야 할 과목 중 하나가 정신건강의학이었습니다.

정신건강의학을 공부하면서 저는 한 가지 사실을 알게 되었습니다. 모든 사람이 정도의 차이가 있을 뿐 모두 정신적인 문제를 가지고 있다는 것입니다.

아담 한 사람이 선악과를 따 먹은 뒤로 모든 사람

은 몸과 영혼이 다 저주를 받았습니다. 기계로 말하자면 모두 고장이 난 것입니다.

저는 한 가정의 가장으로서 부끄러운 모습을 가지고 있습니다. 바로 제가 잘못해서 생긴 문제를 아내 탓으로 돌리곤 한다는 것입니다. 무의식적으로 저 자신을 보호하기 위해서 아내에게 책임을 돌리는 것입니다. 이러한 부끄러운 모습도 선악과를 따먹은 뒤로 모든 사람에게 나타난 정신적인 문제입니다. 정도의 차이가 있을 뿐 누구나 이런 문제가 있습니다.

아시는 것처럼, 아담에게서도 이런 문제가 있었습니다.

"당신께서 주신 하와 때문입니다."

아담이 하나님께 그리고 하와에게 책임을 돌리는 것입니다. 이런 아담의 문제가 모든 남자들에게 있다고 말한다면 지나칠까요?

우리 모두는 문제 있는 사람들입니다. 나쁜 아니

라 내가 만나는 상대 모두가 고장 난 사람들입니다. 그래서 서로 용납해야 함께 더불어 살아갈 수 있습니다. 하나님의 사랑으로 상대를 귀하게 여기고 높일 줄 알아야 이웃과의 관계가 형통하게 됩니다. 모든 문제는 하나님과의 관계와 사람과의 관계가 원만하면 해결되는 문제들이라고 생각합니다. 우울한 감정도 마찬가지일 것입니다.

7. 하나님의 은혜

　얼마 전에 꿈을 꾸었습니다.

　제가 쫓기고 있었습니다. 잡히지 않으려고 숨기도 하고 달려서 도망치기도 했습니다. 감옥에서 탈출하려고 애쓰는 모습이었습니다. 감옥에서의 탈출을 포기하면서 시간이 흘렀습니다. 어느덧 늙어버린 저는 늙은 몸을 이끌고 천천히 감옥의 조그만 언덕 위를 오르고 있었습니다.

언덕에서 아래를 내려다보니 저 멀리 감옥을 두르고 있는 철조망이 보였습니다. 철조망 안의 수용소에는 적막감이 감돌았습니다. 이때 가슴 깊은 곳에서 한 가지 고백이 흘러나왔습니다.

"하나님께서 이곳 감옥에서, 이렇게 한적하고 황량한 이곳에서, 나에게 은혜를 넘치게 부어주셨구나."

철조망 밖의 세상은 너무나 빨리, 너무나 바쁘게 돌아가고 있었습니다.

저는 오래전 서부 아프리카에서 1년 정도를 지냈습니다. 그때 보았던 광야는 몹시 쓸쓸하고 한적하고 황량했습니다. 군데군데 약간의 가시덤불이 보이고 가끔 양 무리를 데리고 이동하며 양들을 치는 목자들이 보이기도 했습니다. 목자들이 어떻게 하루하루를 살아가는지를 생각하면, 그들의 단순한 삶을 인하여 고독과 적막감이 휘감아 도는 곳이 바로 광야였습니다.

가끔 '동아시아에서의 생활이 광야에서의 삶이다'라는 생각을 하곤 합니다. 주위에는 많은 사람이 있지만, 현지인들과 깊이 있는 이야기를 나누는 것이 쉽지 않습니다. 한국 사람들과의 교제도 거의 없습니다.

선교지는 군중 속에서 고독을 즐겨야 하는 곳이기도 합니다. 이곳 동아시아는 감옥처럼, 포로수용소처럼 지내기가 쉽지 않은 곳임은 틀림없습니다. 주님께로부터 오는 평안과 주위의 감시로 인한 긴장이 함께 공존하는 곳이기도 합니다. 그러나 이곳 광야에서 나의 주 예수 그리스도 안에서 하나님을 기뻐하며, 노래하며 살아가노라면 마음에는 하나님 아버지와 우리 주 예수 그리스도로 말미암아 은혜와 평강이 넘쳐납니다.

8. 고개를 숙이며

세 아이를 키우다 보면, 아이들이 잘못한 게 보이기도 합니다.

그럴 때면 말씀을 들어 가르칩니다. 때론 책망하기도 하고 가끔 매를 들기도 합니다. 그럴 때마다 제 마음은 편치 않습니다. 아이들의 티끌을 통해서 제 들보가 보이기 때문입니다.

'내가 들어야 할 책망인데,

맞아도 내가 맞아야 할 매인데…'

그래도 아이들의 유익을 위해서 부끄러워하며 어쩔 수 없이 책망하며 매를 듭니다.

영혼들을 양육하면서도 마찬가지입니다. 말씀을 들어 책망하며 권면할 때, 참으로 난감합니다. 그들의 약점이 제게 있는 약점이기 때문입니다. 자전거를 타고 집으로 가는 길에 감히 하늘을 우러러보지도 못하고 고개를 숙이며 부끄러워 한숨만 내쉽니다.

9. 귀한 동역자

저희 부부에게는 아들과 두 딸 외에 또 다른 딸이 한 명 있습니다.

이 딸은 아내가 양육하는 자매인데 유치원 교사를 뒤로하고 캠퍼스 사역을 위해 다시 사범대학교에 입학한 학생입니다. 이 자매를 보면 아내가 참으로 잘 양육했다는 생각이 듭니다.

여학생 사역은 아내가 담당하고, 남학생 사역은 제가 맡아서 하고 있습니다. 제가 양육하는 형제 중에는 그 자매와 같이 잘 성장한 형제가 아직 없습니다. 저는 돕는 형제와 개인 교제를 하고 집으로 돌아오면 아내가 있는 주방으로 갑니다. 그리고 나의 동역자인 아내에게 그날 있었던 일을 이야기합니다. 아내의 조언을 구하기 위해서입니다. 나의 사랑이며, 나의 리더이며, 나의 친구이며, 나의 동역자이며, 나를 돕는 배필인 아내가 참으로 귀합니다.

10. 축구 이야기

　겨울에도 매주 토요일이면 축구를 합니다.

　일주일에 한 번 한국 사람들을 만날 수 있는 시간입니다. 그런데 이곳 선교사들의 사모님들은 남편들이 축구를 하러 가는 것에 작은 불만이 있습니다. 축구를 하다 보면 남편이 다칠 수도 있고, 주말에는 아이들 특히 가족들과 함께 있기를 바라는 마음 때문일 것입니다. 제가 축구를 하러 가는 것이 내심 못마땅하면서도 남편이 좋아하기에 싫은 내색조차 하지 않는 아내를 생각하며, **나는 왜 축구를 하는가**를 정리했습니다.

　첫째, 축구를 통해서 함께하는 팀워크를 배울 수 있기 때문입니다.

　둘째, 영적 전쟁을 치러야 하는 선교 현지에서 축구를 통해 간접적으로 전쟁을 경험할 수 있기 때문입니다.

　셋째, 온유를 훈련할 수 있기 때문입니다. 축구는

남자들의 거친 운동입니다. 축구장 내에서 몸싸움
과 고성이 오갈 수도 있습니다. 이런 축구장은 저에
게는 온유를 훈련할 수 있는 좋은 훈련의 장이 됩
니다.

마지막, 축구를 통해서 자기 자리를 떠나지 않고,
있는 위치에서 충성하는 것을 배울 수 있기 때문입
니다.

인생을 살다 보면 공격하는 인생도 살아야 하고
수비하는 인생도 살아야 합니다.

사역도 마찬가지입니다.

어떤 때는 공격적인 사역이 필요하지만, 때로는 수
비하는 사역을 해야 하는 경우도 있습니다. 아볼로
처럼 물을 주는 사역은 수비적인 사역이 더 필요할
수도 있습니다. 반면 바울처럼 심는 사역은 공격적
인 사역이 더 요구되기도 합니다.

해외 선교지는 위의 두 가지 형태 중에서 바울의

경우처럼 공격적인 사역이 많이 요구되기도 합니다. 해외 선교지에서 제자사역을 하는 저 역시 공격적인 기질을 더 개발해야 할 필요를 느끼곤 합니다. 이런 공격적인 기질을 개발할 수 있는 적당한 곳이 바로 축구장입니다.

하지만 아쉽게도 제 위치는 항상 최종 수비수입니다. 시합 전, 감독님이 선수를 정할 때 제 자리가 제일 먼저 정해집니다. 경기가 있는 날이면 제 자리는 어김없이 중앙 수비수입니다. 그래도 감독님이 믿고 맡겨 주시는 것에 감사하며, 민수기 3장-4장 말씀을 묵상해 봅니다.

모두가 스포트라이트를 받는 아론 자손 계열의 제사장이 되고 싶어 합니다. 제사장을 섬기며 회막 봉사와 메는 일을 하는 레위인이 되는 것은 크게 매력이 없어 보입니다. 겉보기에 영광스럽지 않은 위치라 할지라도, 하나님의 영광을 위해서 자기가 있는 곳에서 충성을 다하는 모습이 필요하다는 것을

생각해 봅니다. 자기 자리를 떠난 자들은 자기의 소욕을 따르는 자들일 것입니다.[66]

사람들로부터 영광을 구하고자 하여, 겉보기에 영광이 없어 보이는 자리를 떠나는 사람들은 어리석은 자들입니다. 쉽지는 않지만 저는 주님 안에서 제 위치에서 충성을 다하고 싶습니다. 이를 위해서는 있는 위치에서 최선을 다하는 훈련이 필요합니다. 저는 축구를 하면서 최종 수비수 자리에서 자기 자리를 지키는 연습을 합니다.

11. 연약함 중에 드리는 감사

"내게 이르시기를 내 은혜가 네게 족하도다 이는 내 능력이 약한데서 온전하여짐이라 하신지라 이러므로 도리어 크게 기뻐함으로 나의 여러 약한 것들에 대하

---

66) 잠언 18:1

여 자랑하리니 이는 그리스도의 능력으로 내게 머물
게 하려함이라"(고린도후서 12:9)

얼마 전에 한국의 한 교회에서 주관하는 선교사
수련회에 참석했습니다. 순서 중에 선교사를 소개
하는 시간이 있었습니다. 사람들 앞에서 몇 마디를
해야 하는 시간이었습니다. 순간 긴장한 저의 모습
을 보았습니다. 저녁 모임을 마치고 숙소로 돌아와
서 밤늦게 기도하던 중, 저의 여러 가지 약한 것들에
대해서 생각하게 되었습니다.

주일학교 시절, 성탄절 행사를 위해 반 친구들과
함께 사람들 앞에서 율동을 하며 찬양하는 시간이
있었습니다. 그때 저는 부끄러워 율동은 물론 찬양
도 하지 못하고 그냥 서 있기만 했습니다. 작년에는
한국에 있는 한 교회 수요예배 때, 선교지 상황을
나눌 수 있는 시간이 있었는데 웃으며 여유 있게 한
다고 했지만, 사실은 시작부터 긴장했었습니다.

저는 어렸을 때부터 기질적으로 연약한 사람이었습니다. 저도 알고, 주위 사람들도 알고, 하나님께서도 아시는 사실입니다. 이러한 연약한 기질을 주신 하나님께 감사드립니다. 그 이유는 사역의 열매로 인해서 사람 앞에서 자기 자랑하는 사람으로 교만해질 수도 있을 것인데 하나님께서 제게 주신 연약한 기질이 교만으로 가는 길을 막는 안전장치가 되기 때문입니다. 모든 것을 합력해서 선을 이루시는 하나님께 감사하며 찬양드립니다.

> "우리가 알거니와 하나님을 사랑하는 자 곧 그 뜻대로 부르심을 입은 자들에게는 모든 것이 합력하여 선을 이루느니라."[67]

이렇게 나의 약함을 묵상하는 중에 크게 웃어봅니다. 제 안에는 하나님께서 주신 꿈이 있습니다. 하루에도 여러 번 이 꿈이 이루어지기를 기도합니다. 그것은 하나님의 영광을 위하여, 동아시아 각 성에

---

67) 로마서 8:28

예수님을 심히 사랑하는 한 부부씩이 영적 지도자로 세워지는 것입니다. 그들은 다른 영적 지도자들을 양육할 것이고 그들 사역권에서 선교사들이 나갈 것입니다. 때로는 후임자에게 사역을 맡기고 이슬람권을 향해 나아가는 선교사도 있을 것입니다.

하나님께서 저를 통해 이 꿈을 이루실 때 누군가는 탄식할 것입니다. '이 자는 전혀 가능성이 없었는데…. 그래서 내버려 두었는데…'라고 말입니다.

12. 부족한 게 있더냐?

"저희에게 이르시되 내가 너희를 전대와 주머니와 신도 없이 보내었을 때에 부족한 것이 있더냐 가로되 없었나이다"(누가복음 22:35)

"너희는 먼저 그의 나라와 그의 의를 구하라 그리하면 이 모든 것을 너희에게 더하시리라"(마태복음 6:33)

세 아이의 학비를 마련하기 위해 한국에서 약국 아르바이트를 해야겠다고 생각했습니다. 몇 년 전부터 아이들 학비가 필요해서 방학 때마다 한국에 들어와 약국에서 아르바이트를 하던 중이었습니다. 어느 날 큐티 말씀이 누가복음 22장 35절이 있는 단락이었습니다.

"너희를 동아시아에 보내었을 때 부족한 것이 있더냐?"

당시에는 아이들 학비가 부족해서 경제적으로 쪼들린다고 생각했습니다. 그런데 자세히 하나하나 살펴보니 부족한 것이 없었습니다.

선교지에서 9년째인 저희 가족은 하루 세 끼를 꼬박꼬박 먹고살았습니다. 비록 아이들에게 새 옷을 사 입힌 기억은 없지만 세 아이는 늘 새 옷 같은, 멋있는 헌 옷을 입고 다녔습니다.

또 하나님께서는 세 아이를 기독교 학교에 보내주셨고 아이들의 학비를 어떻게 공급해주시든 간에 지금까지 낼 수 있었습니다. 단지 저희 부부에게 재

물을 얻을 능력을 주셔서 약국 아르바이트를 통해 세 아이의 학비를 공급해 주실 뿐이었습니다.

「주님! 부족함이 없었나이다.

먼저 그의 나라와 그의 의를 구할 때,

이 모든 것을 채워주셨습니다.

앞으로도 계속 이 모든 것을 더 하실 줄

아나이다. 아멘!」

13. 기도사역

"그런즉 심는 이나 물주는 이는 아무 것도 아니로되 오직 자라나게 하시는 하나님 뿐이니라 심는 이와 물주는 이가 일반이나 각각 자기의 일하는대로 자기의 상을 받으리라"(고린도전서 3:7-8)

비즈니스에 참여하는 방법 중 하나는 스스로 비즈니스 현장에 뛰어들어 사업가가 되는 것입니다.

사업가는 현장에서 발로 뛴 만큼 발생하는 이익을 가져가게 될 것입니다. 비즈니스에 참여하는 또 다른 방법은 투자자가 되는 것입니다. 투자자는 직접 현장에서 뛰지는 않지만 투자한 만큼의 이윤을 가져갑니다. 사업가는 자본을 투자하는 투자자가 필요하며, 투자자는 탁월한 능력의 사업가가 필요합니다.

해외 선교에 참여하는 방법 중에는 선교지에서 직접 선교사로 뛰는 것이 있습니다. 또 다른 방법은 기도로써 투자하는, 기도 사역자가 되는 것입니다. 기도 사역자는 직접 선교 현장에서 뛰지는 않지만, 기도로 투자한 만큼의 상급을 주님 앞에서 받게 됩니다. 선교사는 기도 투자자가 필요하며, 기도 사역자는 충성을 다해 선교 현장에서 일하는 사람이 필요합니다.

「기도로 사역하시는 귀하신 기도 사역자님!

기도 사역은 해외 선교의 들러리가 아닙니다.
함께 동역하고 주님께 함께 상급을
받을 것입니다.
저희 부부에게 기도로 투자해 주세요.
저희는 주님을 의뢰하고 영적 전쟁터를
넘나들겠습니다.
함께 주님 앞에서 각자가 일한 대로
큰 상급을 받을 수 있으면 좋겠습니다.」

"그 주인이 이르되 잘 하였도다 착하고 충성된 종아
네가 작은 일에 충성하였으매 내가 많은 것으로 네게
맡기리니 네 주인의 즐거움에 참예할찌어다 하고"(마태
복음 25:21)

14. 증명사진

저는 10년 전에 찍은 증명사진을 아직도 가방에

넣고 다닙니다.

이 사진은 동아시아에서 비자를 연장할 때 씁니다. 그런데 얼마 전 호주 의사고시 접수를 위해 새 사진이 필요해 사진을 찍었습니다. 저는 인화된 새 사진을 보고 충격을 받았습니다. 10년 전 사진에는 얼굴에 주름 하나 없는 20대 청년 같았는데 새 사진의 모습은 늙어도 많이 늙어 보였습니다.

현실을 자각하고 보니 저는 어느덧 40대 중년이었습니다. 대학 캠퍼스에서 대학생들을 대상으로 사역을 하다 보니, 제 마음은 항상 20대 초반이었습니다. 저는 늙지 않은 줄 알고 살았는데, 사진 속의 제 모습은 많이 늙어 있었습니다. 앞으로는 제가 더 늙고 늙어 마지막 날에 이르겠지요. 그때 제 인생의 뒤안길을 돌아보며 후회하지 않을 수 있으면 좋겠습니다. 이를 위해서 오늘 하루도 주님께 여쭙고 싶습니다.

'주여! 하나님의 영광을 위해 오늘 제가 무엇을 하

오리이까?'

15. 충성이란?

이번 겨울은 경북 봉화에서 지냈습니다.

부족한 사역 비용을 보충하기 위해서 겨울방학 동안 한국에 들어와 약국 아르바이트를 했습니다. 병원 실습 때문에 못 올 줄 알았는데, 알고 보니 겨울방학이 한 번 더 있었습니다.

강원도와 인접한 경북 봉화는 산이 많고 물이 맑은 곳입니다. 그래서 공기가 참 깨끗합니다. 이렇게 물 맑고 공기 깨끗한 곳에서 지내다가 방학이 끝나면 다시 공기가 안 좋은 동아시아로 갈 생각을 하니 아찔했습니다.

저희가 있는 곳은 흐린 날씨뿐 아니라 공기 또한 안 좋습니다. 학교에 가기 위해 1시간 넘게 자전거를 타다 보면 숨쉬기가 곤란할 지경입니다. 밤과 아침에는 어디서 오는지 모르는 메케한 냄새 때문에 창문을 열기가 쉽지 않습니다. 거리에는 차도 많고 습하기에 스모그가 형성됩니다. 그래서 실제로 호흡기 질환이 많습니다. 다시 동아시아로 돌아갈 생각을 하니 주님이 생각납니다.

'제 원대로 마옵시고
아버지의 원대로 하옵소서.'

충성이란?

죽음을 무릅쓰고 사지로 가서 주인의 마음을 시원케 해드리는 것이라고 생각해 봅니다.

1b. 모험

모험!

쉽지 않은 단어입니다. 위험부담이 따르기 때문입니다. 그렇기에 모험을 한다는 것은 쉽지 않은 선택입니다. 자칫 생명을 잃을 수도 있기 때문입니다. 단한 번뿐인 자신의 인생이 망가질 수도 있습니다. 자기가 가진 모든 재산을 잃고 빚더미에 앉을 수도 있습니다.

지금까지 40년 넘는 인생을 살면서 몇 가지 모험을 하였습니다.

● **가장 큰 모험은** 바로, 예수님을 믿는 것이었습니다.

나의 모든 것을, 죽음 이후의 나의 영원한 인생을 그분께 맡긴다는 것은 두려운 선택이었습니다. 성령하나님께서는 성경을 통해서 예수님께서 누구신가를 가르쳐 주셨습니다. 그때 그분을 하나님의 아들로 믿고, 나의 구원의 주님으로 모셔드리는 모험을 하였습니다.

예수님을 거절하지 않고 모셔드렸을 때 예수님께서는 저에게 영생을 선물로 주셨습니다. 또 저의 삶을 더 풍성하게 하셨습니다. 그리고 이제는 예수님을 증거하며 예수님께서 부탁하신 제자 삼는 일을 하고 있습니다. 이 모든 것이 예수님 안에서 주시는 하나님의 은혜입니다.

● **두 번째 모험은** 결혼이었습니다.

한 여인을 아내로 맞아들이는 결정은 쉽지 않았습니다. 결혼은 나를 사랑하신 하나님께서 나를 위해 예비하신 두 번째 은혜였습니다. 아내는 저를 있는 그대로 사랑해 준 참으로 현숙한 여인입니다. 주님 안에서 말씀을 따라 도와 온 참으로 지혜롭고 아름다운 여인입니다. 저는 제 아내를 사랑하며 존경합니다.

● **세 번째 모험은** 고향을 떠나 동아시아로 건너온 것입니다.

세 살, 두 살 그리고 한 살짜리 연년생 세 아이를 데리고 동아시아로 오는 것 또한 쉽지 않았습니다. 모든 재산을 정리하고 건너왔습니다. 동아시아에서 이삭과 같은 약속의 자녀를 얻기 위해 무식한 모험을 했습니다. 그러나 주님 안에서 한 이 모험 또한 대박입니다. 이곳 선교지에서 하나님께서는 저를 계속해서 훈련 시키시고 은혜 위에 은혜를 더하고 계십니다. 그리고 영적 자녀들을 주셔서 저희 부부에게 기쁨을 주고 계십니다.

모험을 생각하며, 제 마음에 한 가지 바람이 있습니다.

저희 부부가 돕는 형제자매들도 주님 안에서 모험하기를 간절히 소원하는 것입니다. 주님 안에서의 모험은 겉보기에는 다른 모험과 동일하게 위험하게 보입니다. 그러나 주님 안에서의 모험은 안전하고 스릴이 넘치는 즐거움이 있습니다.

우리가 모험을 즐기기 위해서는 한 가지 조건이 있습니다. 모험에 뛰어들었으면 뒤로 물러서지 않아야 한다는 것입니다.

17. 나의 형제 프레슬리

　예전에 뉴질랜드에서 안식년을 보내면서 호주 의사고시를 준비한 적이 있습니다. 1차 필기시험에 합격하고 2차 실기시험을 준비해야 했습니다. 호주로 가서 마지막 임상 실기시험을 준비해야 할지 아니면 동아시아로 돌아가야 할지 선택해야 했습니다. 하나님께 여쭈어보아도 웃으시며 별말씀이 없으셨습니다. 하나님께서는 제가 선택하도록 하신 것 같았습니다. 그래서 동아시아로 돌아가 사역에 집중하면서, 예전처럼 시간이 나는 대로 마지막 임상 실기시험을 준비하기로 했습니다.

　동아시아로 돌아온 후 동아시아에서 유학하는 아프리카 학생들을 만났습니다. 이때 섬겼던 형제들 중에 프레슬리 형제가 있습니다. 그는 현재 짐바브웨로 돌아가서 대학 교회 개척 사역을 잘 감당하고 있습니다. 프레슬리 형제는 제가 의사면허증과 바

꾼 귀한 형제입니다.

지금 생각해 보면, 동아시아에서 비자를 얻기 위해 영어 과정의 의대 공부를 하게 하시고, 또 영어로 호주 의사고시를 준비하게 하신 것은 의사면허증을 얻게 하심이 아니라, 동아시아에서 유학하는 아프리카 유학생들을 섬기게 하기 위해서 영어를 준비시킨 과정이었던 것 같습니다.

18. 평생소원

선교지에서 힘들 때면, 제 삶이 예수님의 손을 붙잡고 외줄을 타는 느낌일 때가 있습니다.

항상 깨어 있어야 하며 절대적으로 주님을 꼭 붙들고 있어야 하는 우리의 삶을 잘 말해주는 느낌인 것 같습니다. 이렇게 약간 긴장하며 살아가는 삶 속에서 가장 행복한 시간은 말씀 가운데서 주님과 일대일로 만나는 시간입니다.

　무릎을 꿇고 말씀 가운데 기도하는 시간이 저에게는 가장 행복한 시간입니다. 길을 가면서 암송 카드를 들고 암송한 말씀을 되새기며 하나님의 아들 예수 그리스도 나의 주로 더불어 교제하는 시간은 저에게 기쁨의 시간입니다.

　묵상한 말씀으로 찬양과 감사를 드리고 회개하는 시간은 저에게 안식의 시간이며 피난처입니다. 선교지에서 좋은 점은 바로 주님과 일대일 관계 속에서 그분과 긴밀하게 동행할 수 있다는 것입니다.
　일평생 매 순간 주님과 모든 일에 있어서 함께 숨 쉬며 동행하고 싶습니다. 조그만 일이라도 항상 나와 함께 하시는 예수님과 무시로 이야기 나누며 살아가고 싶습니다.

19. 차이와 진리

살다 보면 진리의 문제에 맞닥뜨리곤 합니다.

진리란 옳고 그름의 문제입니다. 이때 우리의 바람직한 태도는 목숨을 걸고서라도 진리를 고수하는 것입니다.

또 우리는 살면서 차이의 문제와도 맞닥뜨립니다. 이때 우리는 종종 아니 빈번하게 차이의 문제를 옳고 그름의 문제로 보고 논쟁합니다. 그러나 차이는 차이일 뿐입니다. 옳고 그름의 문제가 아니라면 상대방의 견해도 또 다른 견해로 받아 주어야 합니다.

어떤 사람이 손을 설명합니다.

"손에는 다섯 개의 가지 같은 것이 붙어있는데 그 끝에는 딱딱한 것이 있다."

다른 사람이 말합니다.

"네 말은 틀렸다. 다섯 개의 가지 같은 것이 붙어있는 것에 나도 동의한다. 그러나 그 끝에 딱딱한 것은 없다. 말랑말랑한 부분만 있을 뿐이다."

이렇게 서로 내가 옳고 네가 틀렸다고 논쟁을 합니다. 그러나 실제는 둘 다 맞습니다.

사람은 한계가 있는 존재입니다. 우리는 보통 한 면만 보기를 좋아합니다. 둘 다 볼 수 있는 안목이 부족합니다. 우리는 헬라 이분법적 사고에 익숙합니다. '하나가 맞다면 논리적으로 이와 다른 하나는 아니다'라고 생각하는 경향이 있습니다. '둘 다 맞다'라는 것을 받아들이는 데 익숙하지 않습니다.

한 가지 질문을 하겠습니다.
하나님께서는 어디 계실까요?
두 가지 대답을 기대할 수 있습니다.

하나는, '하나님께서는 어디에나 계신다'입니다. 맞습니다.

또 다른 하나는, '하나님께서는 하늘에 계신다'입니다. 이것도 맞습니다.

그런데 논리적으로 보면 둘 다 맞을 수는 없습니

다. 그러나 성경은 두 가지 모두를 이야기하고 있습니다.

하나님의 편재성에 대해서 말해주는 구절 중 하나는 시편 139장 7-8절입니다.

"내가 주의 신을 떠나 어디로 가며 주의 앞에서 어디로 피하리이까 내가 하늘에 올라갈찌라도 거기 계시며 음부에 내 자리를 펼찌라도 거기 계시니이다."

"하나님께서 하늘에 계시다"라고 말하는 구절은 생각보다 많습니다. 대표적인 구절은 마태복음 6장 9-13절입니다. 예수님께서 제자들에게 기도를 가르치시면서 처음 시작을 이렇게 하라고 말씀하십니다.

"하늘에 계신 우리 아버지여…"

복음서를 읽다 보면 예수님께서 하늘을 바라보시고 기도하셨다는 기록을 찾아볼 수 있습니다.

예수님께서 떡 다섯 개와 물고기 두 마리로 많은 무리를 배불리 먹이셨습니다. 이때 예수님께서는 하

늘을 우러러 축사하셨다고 마태복음 14장 19절에
서 말하고 있습니다.

또 예수님께서 죽은 나사로를 다시 살리실 때, 눈
을 들어 우러러보시고 아버지께 기도하셨다고 요한
복음 11장 41절에서 말하고 있습니다.

요한복음 17장에는 예수님께서 십자가를 지시기
전에 제자들을 위해서 기도하셨던 중보기도가 기록
되어 있습니다.

요한복음 17장 1절은 다음과 같이 말합니다.

"예수께서 이 말씀을 하시고 눈을 들어 하늘을 우러러
가라사대 아버지여 때가 이르렀사오니 아들을 영화롭
게 하사 아들로 아버지를 영화롭게 하게 하옵소서."

예수님께서는 눈을 들어 하늘을 우러러 하나님께
기도하셨습니다.

솔로몬이 하나님의 성전을 건축하고 낙성식을 거
행했습니다. 이때 솔로몬은 무릎을 꿇고 손을 펴서

하늘을 향하여 하늘의 하나님께 기도하였습니다.[68]

왜 예수님께서 하늘을 우러러보며 하나님 아버지께 기도하셨을까요?

왜 솔로몬은 하늘을 향하여 손을 펴고 하늘의 하나님께 기도했을까요?

신학을 공부하다 보면 많은 신학적 견해가 있다는 것을 알 수 있습니다. 신학자마다 각자의 견해가 있습니다. 모든 그리스도인도 각자의 신학적 견해가 있습니다. 신학적 견해에 있어서 옳고 그름의 문제가 아니라 차이의 문제라면 상대의 의견을 견해로 받아들일 수 있는 여유가 있으면 좋겠습니다. 물론 옳고 그름의 문제라면 목숨을 걸어야 한다고 생각합니다.

---

68) 열왕기상 8:22-54

20. 메시아 상륙작전

세계 역사 속에서 우리는 두 개의 상륙작전을 생각할 수 있습니다.

하나는 인천 상륙작전이고, 다른 하나는 2차 세계대전 당시의 노르망디 상륙작전입니다.

상륙작전의 공통적인 특징은 성공할 확률이 매우 낮지만, 성공하면 전세가 뒤집힌다는 것입니다. 북한이 치고 내려왔을 때 남한은 풍전등화와 같은 처지였습니다. 그러나 인천 상륙작전 이후 전세가 뒤집혔습니다.

성경에서는 상륙작전과 유사한 두 가지를 살펴볼 수 있습니다.

● 하나는 요단강 상륙작전입니다.

요단강 저편 가나안 땅은 죄악으로 가득 찬 곳이었습니다. 여호수아가 이스라엘 백성을 이끌고 요단강을 건너 이스라엘 동쪽 허리를 치고 들어가 곳곳에서 승전고를 울린 것을 볼 수 있습니다.

● 다른 상륙작전은 창세기부터 요한계시록까지 성경 전체를 살펴보면 감이 옵니다. 바로 메시아 상륙작전입니다.

예수님께서 이 땅에 오시기 전까지는 사탄이 죄로 말미암아 세상을 장악하고 있었습니다. 외형상 사탄이 이 땅에서 승리한 것처럼 보였습니다. 에덴을 망가뜨렸고 이스라엘마저 철저하게 망가뜨렸습니다. 그러나 예수님께서 오신 뒤로 전세가 뒤집혔습니다. 예수님께서 이 땅에 상륙하신 뒤에는 복음의 불길이 예루살렘으로 시작하여 땅끝까지 이르러 훨훨 타오르고 있습니다. 때가 되면 예수님을 믿고 따르며 하나님의 영광을 인정하는 사람들로 온 세상이 가득하게 될 것입니다.

21. 틈새 사역

틈새시장이라는 말을 들은 적이 있습니다.

대기업 사장만 사업하는 것은 아닙니다. 대기업이 하지 않고 또 할 수 없는 사업 아이템들이 많습니다. 사역도 마찬가지입니다. 목사만 사역하는 것이 아닙니다. 또 주일 설교사역만이 사역의 전부는 아닙니다.

　설교는 하나님께서 각 사람에게 주시는 은사를 따라 행해지는 다양한 사역의 일부분입니다. 목사가 하지 않고 또 할 수 없는 사역의 영역들이 많습니다.

　예를 들어 의사라면 퇴임 후에 선교지에 가서 의료활동을 하면서 복음을 전할 수 있습니다. 이 영역은 보통 의사만이 할 수 있는 영역입니다. 의대 교수라면 정년 퇴임 후에 선교지에 있는 기독교 의대에서 교수 선교사로 학생들에게 복음을 전할 수 있을 것입니다. 미리서 영어로 강의하는 것을 준비하는 것도 좋을 것입니다.

제 어머니는 조금 독특하십니다.

말 그대로 개성이 강하십니다. 그런데 어머니께서는 장남인 제 형이 전하는 하나님의 말씀은 잘 들으십니다. 말씀과 기도로 어머니를 섬기는 일은 저의 형님만이 할 수 있는 영역입니다.

저희가 뉴질랜드에 잠시 머물 때, 매주 월요일과 수요일 오전에 영어를 가르치는 사역을 하는 현지인 교회가 있었습니다. 한국인 아주머니, 중국인 할아버지와 할머니 그리고 아주머니, 베트남 아주머니, 그리고 저와 아내가 학생이었습니다.

공짜로 배우는 곳이었는데 두 분의 할머니 영어 선생님이 계셨습니다. 그곳에서 오랫동안 공부한 나이 든 학생들의 모습이 예수님과 많이 가까워져 있는 것을 볼 수 있었습니다. 영어 공부를 통해서 되어지는 두 분 할머니의 사역이 참 아름다웠습니다.

위에 언급한 몇 가지의 예는 평범한 목사가 하기

에 쉽지 않은 틈새시장이라고 생각합니다. 세상은 넓고 할 일은 많은 것처럼, 사역지는 넓고 틈새 사역은 많습니다. 찾고 찾으면 찾을 수 있습니다.

선데이 크리스천으로만 살아가기에는 주님께서 주신 우리의 아름다운 인생이 너무 아깝습니다. 틈새시장을 잘 공략하여 주님이 다시 오실 때 각자가 일한 만큼 많은 상급을 받기를 기원합니다.

"보라 내가 속히 오리니 내가 줄 상이 내게 있어 각 사람에게 그의 일한대로 갚아 주리라"(요한계시록 22:12)

22. 정선 광야에서

나에게 있어서

정선이란?
광야다.
산으로 둘러싸여 있는 광야다.

모세가 미디안 광야에서
40년을 어떻게 지냈을까?
다윗은 광야에서 양들을 치며 어떻게 지냈을까?
아기 예수님을 뵈었던 목동들은
광야에서 어떻게 지냈을까?

하늘을 바라보며
하늘의 하나님께 찬양하며
하나님과 동행하는 시간이었을 것이다.

나에게 있어서

정선은
터널이다.

터널은 억울하다.
산 너머 저편으로 가는 가장 빠른 길이 터널이다.
반듯하게 놓인 터널 길은 안전하다.

터널이 없다면
굽이치는 길을 따라 고개를 넘어가야 한다.
느리다.
위험하다.

인생의 터널을 지나고 있을 때
생각해 보라.
인생에서 가장 빠른 길이며 안전한 길이다.

하늘의 하나님을 바라보며
평강 가운데 하루하루를 지나야 하지 않을까?

"하늘의 하나님께 감사하라
그 인자하심이 영원함이로다"(시 136:26)

● ANA Korea(아프리카 열방선교회)를 위해 기도 부탁합니다.
ANA Korea 이메일 : abcxyz337@naver.com
후원계좌 : 신한은행 100-036-042535 (아프리카 열방선교회)

망망한 바다 한가운데서 배 한 척이 침몰하게 되었습니다.
모두들 구명보트에 옮겨 탔지만 한 사람이 보이지 않았습니다.
절박한 표정으로 안절부절못하던 성난 무리 앞에 급히 달려 나온 그 선원이
꼭 쥐고 있던 손바닥을 펴 보이며 말했습니다.
"모두들 나침반을 잊고 나왔기에⋯."
분명, 나침반이 없었다면 그들은 끝없이 바다 위를 표류할 수밖에 없을 것입니다.

우리는 삶의 바다를 항해하는 모든 이들을 위하여
그 나침반의 역할을 하고 싶습니다.
우리를 구원하신 위대한 주 예수 그리스도를 널리 전하고 싶습니다.

"하나님은 모든 사람이 구원을 받으며
진리를 아는 데에 이르기를 원하시느니라"
(디모데전서 2장 4절)

부부 약사 선교사가
자녀에게 들려주는 제자사역 이야기

지은이 | 유요한 선교사
발행인 | 김용호
발행처 | 나침반출판사

제1판 발행 | 2023년 3월 10일

등 록 | 1980년 3월 18일 / 제 2-32호
본 사 | 07547 서울특별시 강서구 양천로 583
　　　　블루나인 비즈니스센터 B동 1607호
전 화 | 본사 (02) 2279-6321 / 영업부 (031) 932-3205
팩 스 | 본사 (02) 2275-6003 / 영업부 (031) 932-3207
홈 피 | www.nabook.net
이 멜 | aaaceo@hanmail.net

일러스트 제공 | 게티이미지뱅크

ISBN 978-89-318-1650-1 03230
책번호 가 9091

값은 뒤표지에 있습니다.